Semiótica visual
os percursos do olhar

Semiótica visual
os percursos do olhar

Antonio Vicente Pietroforte

Copyright© 2004 Antonio Vicente Pietroforte
Todos os direitos desta edição reservados à
Editora Contexto (Editora Pinsky Ltda.)

Montagem de capa e diagramação
Gustavo S. Vilas Boas

Revisão
Luciana Salgado
Mariana Santana

Dados Internacionais de Catalogação na Publicação (CIP)
(Câmara Brasileira do Livro, SP, Brasil)

Pietroforte, Antonio Vicente
Semiótica visual : os percursos do olhar /
Antonio Vicente Pietroforte. – 3. ed., 1ª reimpressão. –
São Paulo : Contexto, 2024.

Bibliografia
ISBN 978-85-7244-276-3

1. Semiótica 2. Simbolismo I. Título

04-5461   CDD-401.41

Índice para catálogo sistemático:
1. Simbolismo : Semiótica visual : Lingüística   401.41

2024

Editora Contexto
Diretor editorial: *Jaime Pinsky*

Rua Dr. José Elias, 520 – Alto da Lapa
05083-030 – São Paulo – SP
PABX: (11) 3832 5838
contato@editoracontexto.com.br
www.editoracontexto.com.br

Proibida a reprodução total ou parcial.
Os infratores serão processados na forma da lei.

Sumário

Apresentação 7

Pequena introdução à semiótica 11

O semissimbolismo na fotografia 23

    A nudez e o olhar 24

    O espaço da liberdade 49

    A bola rola solta 57

O semissimbolismo na pintura................................ 65

    Às sombras da opressão...66

    A sagração da primavera 78

O semissimbolismo na história em quadrinhos...................... 91

    Marcatti ao ataque 92

    Através do ritmo...102

O semissimbolismo na escultura e na arquitetura 121

    Os caminhos dos homens 122

    A vida em comum 130

O semissimbolismo na poesia concreta 141

    Os enigmas das imagens 142

    O tao da escrita 150

Bibliografia 163

Apresentação

Há, pelo menos, três semióticas: a doutrina dos signos elaborada por Charles Sanders Peirce, o desenvolvimento do formalismo russo e a teoria da significação proposta por Algidar Julien Greimas. Nosso trabalho é vinculado a esta última. O que a diferencia das demais, e também da teoria geral do signo chamada semiologia, é a ênfase dada não mais nas relações entre os signos, mas no processo de significação capaz de gerá-los. O livro que inaugura essa semiótica chama-se *Semântica estrutural*, de A. J. Greimas. Partindo da dicotomia de Saussure *significante versus significado*, Greimas define assim os domínios da semiótica:

> Quando um crítico fala da pintura ou da música, pelo próprio fato de que fala, pressupõe ele a existência de um conjunto significante "pintura", "música". Sua fala constitui-se, pois, em relação ao que vê ou ouve, uma metalíngua. Assim, qualquer que seja a natureza do significante ou o estatuto hierárquico do conjunto significante considerado, o estatuto de sua significação se encontra situado num nível metalinguístico em relação ao conjunto estudado. Essa diferença de nível é ainda mais visível quando se trata do estudo de línguas naturais: assim o alemão ou o inglês podem ser estudados numa metalíngua que utiliza o francês e vice-versa. Isso nos permite a formulação de um princípio de dimensão mais geral: diremos que esta metalíngua transcritiva ou descritiva não apenas serve ao estudo de qualquer conjunto significante, mas também que ela própria é indiferente à escolha da língua natural utilizada. (GREIMAS, 1979: 23)

Recorrendo às definições de plano de expressão e plano de conteúdo, de Louis Hjelmslev, Greimas define os domínios da semiótica no plano de conteúdo, já que o conjunto significante mencionado por ele pertence aos domínios da expressão, e a manifestação em línguas naturais distintas também. Nos domínios do conteúdo, a significação é descrita pela semiótica no modelo do percurso gerativo do sentido, que prevê a geração do sentido por meio do nível semionarrativo, geral e abstrato, que se especifica e se concretiza na instância da enunciação, no nível discursivo.

Colocado de lado em um primeiro momento do desenvolvimento teórico da semiótica, o plano da expressão passa a ser tomado como objeto de estudo quando uma categoria do significante se relaciona com uma categoria do significado, ou seja, quando há uma relação entre uma forma da expressão e uma forma do conteúdo. Em seu texto "Por uma semiótica topológica", A. J. Greimas faz a seguinte observação a respeito:

> Porque o espaço assim instaurado nada mais é que um *significante;* ele está aí apenas para ser assumido e significa coisa diferente do espaço, isto é, o homem que é o significado de todas as Linguagens. Pouco importam, então, os conteúdos, variáveis segundo os contextos culturais, que podem se instaurar diferencialmente graças a este desvio do significante: que a natureza se ache excluída e oposta à cultura, o sagrado ao profano, o humano ao sobre-humano ou, em nossas sociedades dessacralizadas, o urbano ao rural; isso em nada muda o estatuto da significação, o modo de articulação do significante com o significado que é ao mesmo tempo *arbitrário* e *motivado:* a semiose se estabelece como uma relação entre uma categoria do significante e uma categoria do significado, relação necessária entre categorias ao mesmo tempo indefinidas e fixadas num contexto determinado. (GREIMAS, 1981: 116)

Essa relação entre expressão e conteúdo é chamada semissimbólica. Ela é arbitrária porque é fixada em determinado contexto, mas é motivada pela relação estabelecida entre os dois planos da linguagem. Assim, partindo dos conceitos de signo e de símbolo de F. de Saussure, define-se o semissimbolismo entre o arbitrário de signo e o motivado do símbolo

(SAUSSURE, sd: 81-84). Considerado um dos principais fundadores da semiótica visual, Jean-Marie Floch explorou em seus trabalhos esse conceito, aplicando-o ao estudo das artes plásticas, do *marketing*, da comunicação, do gosto, entre outros objetos.

Este trabalho é motivado pelos estudos de J. M. Floch, em especial pela obra *Petites mythologies de l'oeil et de l'esprit*. Nela, o autor desenvolve o conceito de semissimbolismo aplicando-o no estudo da fotografia, da pintura, das histórias em quadrinhos, da arquitetura e da propaganda publicitária. Em nosso trabalho, escolhemos os mesmos objetos, com excessão da propaganda publicitária, e incluimos dois capítulos sobre a poesia concreta e um sobre a escultura. Contudo, tomamos o cuidado de escolhê-los entre manifestações da cultura brasileira, com o objetivo de torná-los mais próximos do contexto histórico e cultural de nossos leitores. Não se trata, por isso, de repetir o trabalho de J. M. Floch mudando apenas seus objetos de estudo, mas de mostrar a operatividade do conceito de semissimbolismo aplicado a outros textos; e de propor alguns avanços no estudo da expressão a partir da aplicação da semiótica nesses domínios, a respeito da enunciação, do ritmo e da narratividade.

Como conceito teórico, qual o estatuto semiótico do semissimbolismo? J. M. Floch define a semiótica semissimbólica dentro dos domínios da semiótica poética. Utilizando a definição de função poética da linguagem, de Roman Jakobson, como a projeção do eixo paradigmático no sintagmático, a semiótica define a poeticidade do mesmo modo. Quando no plano de expressão de um texto verbal há uma rima, as relações paradigmáticas estabelecidas entre significantes semelhantes são projetadas no eixo sintagmático; e quando no plano de conteúdo há uma metáfora, são projetadas as relações paradigmáticas estabelecidas entre significados.

Essas projeções, embora responsáveis pelos efeitos de poeticidade, não são necessariamente semissimbólicas. No entanto, a relação entre uma forma de expressão e uma forma de conteúdo manifesta-se quando há uma relação entre os eixos paradigmáticos de cada uma delas, e quando eles são projetados no eixo sintagmático. Se em uma pintura, por exemplo, as cores quentes são relacionadas a conteúdos do sagrado, e as cores frias, do profano, em seu texto há uma projeção no eixo sintagmático da relação entre os paradigmas que formam a categoria de expressão *cor quente vs. cor fria* e a categoria de conteúdo *sagrado vs. profano*. Assim, toda relação semissimbólica é poética, mas nem toda relação poética é semissimbólica.

Quando se trata de objetos próprios dos sistemas semióticos plásticos, sempre que houver uma relação semissimbólica entre formas plásticas e formas semânticas, há efeito de poeticidade. Contudo, nem todo semissimbolismo é necessariamente uma semiótica plástica. Uma relação entre sabores, próprios de uma semiótica gustativa, pode ser semissimbólica caso uma categoria dessa ordem, como *doce vs. salgado*, seja relacionada a uma categoria de conteúdo, como *infantil vs. adulto*. Como a semiótica plástica estuda as formas de expressão relacionadas a formas de conteúdo, toda semiótica plástica é semissimbólica, mas nem todo semissimbolismo é uma semiótica plástica. Desse modo, como afirma o próprio J. M. Floch, a semiótica plástica faz parte da semiótica semissimbólica, que por sua vez faz parte da semiótica poética (FLOCH, 1985: 14-15). Esse é o estatuto semiótico do conceito de semissimbolismo.

Como este trabalho tem também o objetivo de divulgar a semiótica, tomamos o cuidado de anexar, antes dos textos destinados às aplicações, uma pequena introdução, em que se apresenta o percurso gerativo do sentido, para os leitores que não conhecem a teoria. Recomendamos, para aqueles que quiserem uma introdução mais detalhada, os trabalhos *Elementos de análise do discurso* (FIORIN, 1989), de José Luiz Fiorin; *Teoria semiótica do texto* (BARROS: 1990), de Diana Luz Pessoa de Barros; e *A abordagem do texto* (FIORIN, 2002: 187-209), de Luiz Tatit.

Por fim, nesta apresentação, não poderia deixar de agradecer à professora Maria Aparecida Barbosa, que me iniciou nos estudos da semiótica, e ao professor José Luiz Fiorin, pelas orientações indispensáveis à minha formação acadêmica e pelo cuidado com que leu e comentou este trabalho, fazendo sugestões sem as quais não seria possível terminá-lo. A ambos dedico este livro.

Pequena
introdução à semiótica

Antes de começar uma síntese dos principais tópicos da semiótica, deve-se precisar alguns conceitos para definir seu objeto de estudo. A semiótica estuda a significação, que é definida no conceito de texto. O texto, por sua vez, pode ser definido como uma relação entre um plano de expressão e um plano de conteúdo. O plano de conteúdo refere-se ao significado do texto, ou seja, como se costuma dizer em semiótica, ao que o texto diz e como ele faz para dizer o que diz. O plano de expressão refere-se à manifestação desse conteúdo em um sistema de significação verbal, não verbal ou sincrético.

Os sistemas verbais são as línguas naturais e os não verbais, os demais sistemas, como a música e as artes plásticas. Os sistemas sincréticos, por sua vez, são aqueles que "acionam várias linguagens de manifestação" (GREIMAS e COURTÉS, s.d.: 426), como ocorre entre um sistema verbal e um não verbal nas canções e nas histórias em quadrinhos. Isso quer dizer que um mesmo conteúdo pode ser expresso por meio de planos de expressão de ordens diferentes, ou seja, pode-se manifestar em um plano de expressão de ordem verbal, não verbal ou sincrética. O conteúdo que se manifesta no sistema verbal em um romance, por exemplo, pode ser adaptado para o cinema em um plano de expressão sincrético, ou inspirar uma sinfonia ou uma tela em planos de expressão não verbais.

Pode-se considerar, por isso, que o sentido de um texto está em seu plano de conteúdo. Definido nesse plano, o sentido pode ser estudado em uma teoria semiótica, que pretende descrever os processos de sua formação, ou seja, a significação. A semiótica proposta por Greimas concebe o sentido como um processo gerativo, em um percurso que vai do mais simples e abstrato ao mais complexo e concreto. Essa geração é formalizada no modelo teórico do percurso gerativo do sentido, que vamos explicar em seguida.

O percurso gerativo do sentido

Partindo de uma história infantil, vamos apresentar o modelo que descreve o percurso gerativo do sentido. Trata-se do conto indiano "O mais lento pode vencer a corrida", uma variante do mesmo tema da fábula da lebre e a tartaruga:

> Quando voava sobre um lago, com muita fome, Garuda, o pássaro mágico de Vishnu, avistou uma tartaruga. A tartaruga desviou seu interesse sugerindo-lhe que, antes que a comesse, deveriam apostar uma corrida para ver quem era o mais rápido.
> O pássaro concordou e se elevou no ar, pronto para voar. Enquanto isso, a tartaruga reuniu todas as tartarugas – seus amigos e parentes – e as dispôs em filas de cem, de mil, de dez mil, de cem mil, de um milhão e de dez milhões. Dessa forma, cobriram toda a superfície da região.
> Quando estava tudo arranjado a tartaruga falou:
> – Estou pronta para começar. Vossa Alteza pode ir pelo ar, eu irei pela água. Vamos ver quem será o ganhador. Se eu perder, seu prêmio será comer-me.
> Garuda voou com todas as forças, mas logo se deteve e chamou a tartaruga. E por onde quer que voasse, ela sempre respondia mais à frente. Voou até mesmo para Himapham, a grande montanha. Por fim, teve de admitir, diante da tartaruga, que tinha sido derrotado e, desconcertado, voltou para o seu lar, a árvore *rathal*, para descansar. (*O cavalo mágico*, s.d.: 44-45)

No processo de geração do sentido, a semiótica define um nível fundamental do qual se pode partir para a formalização de seu estrato mais geral e abstrato. O sentido é definido pela semiótica como uma

Pequena introdução à semiótica

rede de relações, o que quer dizer que os elementos do conteúdo só adquirem sentido por meio das relações estabelecidas entre eles. No texto do conto indiano, o pássaro, a tartaruga e os demais elementos que compõem seu discurso adquirem sentido nas relações que estabelecem sua coerência, de modo que, entre outras relações, esses elementos adquirem outros sentidos.

Nesse conto, os animais representam seus papéis em função do tema da disputa entre competidores desiguais, em que se mostra que a capacidade para realizar uma tarefa não depende apenas do poder. Assim como na fábula da lebre e a tartaruga, o pássaro, por um excesso de confiança, perde uma corrida que julgava previamente ganha. Do mesmo modo que a lebre, o pássaro mágico de Vishnu jamais poderia perder uma prova de velocidade, já que ambos têm o poder para ganhar, representado pelas respectivas agilidades. No entanto, isso não basta, pois as tartarugas, uma pelo ardil contra Garuda, e outra pela perseverança contra a lebre, vencem seus oponentes. Ao lado das histórias infantis, esse tema é o mesmo de numerosas narrativas. Da história de Davi e Golias à Revolução Cubana, ele aparece recoberto por figuras diferentes.

Ora, se o conto, a fábula e as demais narrativas realizam enunciados particulares, determinar um tema comum a eles já representa uma primeira abstração. Esse tema, por sua vez, desenvolve-se em uma narrativa. Há o sujeito *pássaro* que procura o objeto de valor *vida*, figurativizado pela tartaruga que lhe servirá de alimento. Essa narratividade, formalizada em termos de sujeito e objeto narrativos, representa um grau de abstração maior, já que toda narrativa pode ser descrita assim, independentemente do tema realizado. Em um nível mais abstrato ainda, pode-se afirmar que essa narrativa é orientada por uma categoria semântica mínima *vida vs. morte*, de modo que a categoria é definida na relação do termo simples *vida* com o termo simples *morte*, e não por meio de cada um dos termos separadamente. Esse último nível de abstração é o nível fundamental.

Se o sentido é estabelecido em uma rede de relações, no nível fundamental busca-se determinar não uma relação fundamental, mas uma rede fundamental de relações. Essa rede fundamental é formalizada no modelo do quadrado semiótico. No caso do conto indiano, a relação entre os termos contrários *vida vs. morte* é responsável pela orientação de seu sentido mais geral e abstrato. Do ponto de vista da tartaruga,

13

ao pretender comê-la, o pássaro afirma o termo *morte* em seu fazer. Ao propor a corrida, ela nega esse termo e, ao vencê-la, afirma o termo *vida*. Desse modo, o conto realiza o percurso morte ⇒ não morte ⇒ vida. Esse é um dos percursos possíveis, já que a orientação contrária vida ⇒ não vida ⇒ morte também está prevista no modelo. Assim, além dos termos contrários *vida* e *morte*, há nessa rede de relações os termos contraditórios *não vida* e *não morte*.

O modelo do quadrado semiótico representa essas relações no seguinte esquema:

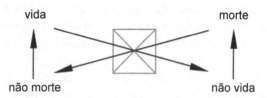

Nas setas estão marcados os percursos possíveis. São ditos contrários os termos que apresentam uma dupla negação. Quando *vida* e *morte* se opõem, há um terceiro termo que não é nenhum dos dois. São ditos contraditórios os termos que apresentam apenas uma negação. Quando se opõem *vida* e *não vida*, não há a possibilidade de um terceiro termo, ou se trata de um ou de outro dos dois termos da relação. Ao lado das relações de contrariedade entre *vida* e *morte* e contraditoriedade entre *vida* e *não vida* e *morte* e *não morte*, há as relações de implicação entre *vida* e *não morte* e *morte* e *não vida*, já que afirmar a *vida* implica em negar a *morte* e vice-versa. Assim, por meio de operações de afirmação e de negação, o quadrado semiótico sistematiza uma rede fundamental de relações de contradição, contrariedade e implicação. Além dessas três relações entre os termos simples, há no quadrado semiótico um termo complexo, gerado pela simultaneidade dos termos simples afirmados, e um termo neutro, gerado pela simultaneidade de suas negações.

A categoria semântica pode mudar, no entanto, as relações sintáticas do quadrado são mantidas. Em suas pesquisas, ao lado da categoria semântica *vida vs. morte*, a semiótica define as categorias *natureza vs. cultura, opressão vs. liberdade, identidade vs. alteridade* etc., de modo que a partir dos conteúdos disseminados no texto pode-se determinar de que categoria se trata. Por isso, genericamente, essa categoria pode ser representada como *s1 vs. s2*.

Ao lado dessa dimensão inteligível, a semiótica verifica como o ser vivo se relaciona com ela sensivelmente, imprimindo qualidades positivas a um dos termos da categoria e negativas ao outro, que determinam, por sua vez, uma orientação sensível nos termos da categoria. Chama-se euforia à sensibilização positiva e disforia, à negativa. Como termos contrários, *euforia vs. disforia* formam a categoria fórica que, ao lado da categoria semântica *s1 vs. s2*, estrutura o nível fundamental. No conto indiano, o termo *vida* é euforizado e o termo *morte*, disforizado. A categoria fórica, quando é projetada sobre a categoria semântica, determina a orientação do percurso entre os termos do quadrado semiótico. No conto, a euforização da vida orienta o percurso morte ⇒ não morte ⇒ vida, o que determina a deriva da narrativa, ou seja, determina a orientação do sujeito narrativo em relação a seu objeto de valor. Essa projeção também pode mudar, de modo que nada impede a construção de um discurso em que o termo euforizado seja a *morte* e o disforizado, a *vida*.

O nível narrativo

O desenvolvimento de uma narrativa resolve-se em transformações. No conto indiano, o pássaro começa a história sem seu objeto de valor, representado por um alimento. Na resolução da transformação desse estado de carência, Garuda busca esse objeto na tartaruga. Ela, por sua vez, tem sua vida colocada a prêmio quando lança seu desafio, o que modifica seu estado em relação a ela. Ao apostar, tudo se passa como se, até o resultado da competição, sua vida não lhe pertencesse mais. Ao vencer a corrida, a tartaruga recupera a vida que tinha apostado e retorna a seu estado anterior. Enfim, são transformações de estado que sustentam a narrativa. A formalização dessas transformações em um modelo teórico constitui o nível narrativo do percurso gerativo do sentido.

Entendida como transformação de estados, uma narrativa mínima pode ser definida entre dois estados. Na frase "o pássaro comeu a tartaruga" pode-se determinar o sujeito narrativo *pássaro* que, em um primeiro momento, está em disjunção com o objeto de valor *alimento*, figurativizado pela tartaruga. Depois, por meio de um fazer, figurativizado pela ação de comer a tartaruga,

15

Semiótica visual • Os percursos do olhar

esse sujeito entra em conjunção com seu objeto. Há nessa narrativa mínima dois estados, um de disjunção e outro de conjunção, e um fazer responsável pela transformação de um estado em outro.

Em semiótica, o estado de conjunção é representado por (Suj. ∩ Obj.); o de disjunção, por (Suj. ∪ Obj.); e o fazer transformador, por →. Desse modo, a narrativa mínima tem o seguinte esquema: (Suj. ∪ Obj.) → (Suj. ∩ Obj.). Evidentemente, pode-se partir de uma conjunção em direção a uma disjunção no sentido contrário (Suj. ∩ Obj.) → (Suj. ∪ Obj.). Assim, definem-se dois tipos de enunciados elementares: enunciados de estado, que podem ser de conjunção ou de disjunção, e enunciados de fazer, que dizem respeito às ações que promovem transformações nos enunciados de estado. A sequência enunciado de estado ⇒ enunciado de fazer ⇒ enunciado de estado define um programa narrativo.

Em uma narrativa mais complexa há, pelo menos, um programa principal com programas subordinados, que são chamados, respectivamente, de programa narrativo de base e programas narrativos de uso. No conto indiano, há dois programas de base em uma relação polêmica. Depois da aposta, tanto o sujeito pássaro quanto o sujeito tartaruga estão em disjunção com o objeto de valor *vida*, já que para o primeiro *comer* diz respeito à sobrevivência, e para o segundo interessa não ser comido. O objeto de valor, portanto, não pode ser repartido, por isso a polêmica: se um ganha, outro perde.

Realizar o programa de base é chamado pela semiótica *performance*. No entanto, para realizá-lo, o sujeito narrativo precisa adquirir, por meio dos programas de uso, a competência necessária para tal. A tartaruga, por exemplo, precisa articular seus amigos e parentes para executar seu ardil. Sem esse fazer, ela não realiza sua *performance*.

Os programas de uso, por mais variados que possam ser, são formalizados pela semiótica como representantes de um saber ou um poder, ou seja, um saber fazer e um poder fazer, relativos à *performance*. No conto, a tartaruga realiza sua *performance* porque ela está em conjunção com o saber, já que sabe como articular seu ardil, e com o poder, já que pode lançar mão de suas companheiras. O pássaro, por sua vez, não realiza sua *performance*, já que, apesar de estar em conjunção com o poder, pois é mais rápido, não tem saber, pois não toma conhecimento de que disputava com muitas em vez de uma só. Desse modo, um é competente e o outro não.

16

Pequena introdução à semiótica

A articulação entre competência e *performance* define o que a semiótica chama percurso narrativo da ação. Há mais dois percursos narrativos: o da manipulação e o da sanção. Para que um sujeito comece seu percurso da ação ele precisa ser manipulado para isso. O pássaro é manipulado pela fome e a tartaruga, pela ameaça do pássaro. O manipulador é chamado de destinador e o manipulado, de destinatário da manipulação. A semiótica prevê quatro tipos de manipulação. Quando o destinador manipulador usa seu poder sobre o manipulado, pode oferecer a ele um objeto de valor positivo ou negativo. Quando o objeto é positivo, ele procura manipular por meio do querer do destinatário, como é o caso dos prêmios e das recompensas. A semiótica chama esse processo *tentação*. A tartaruga, ao oferecer sua vida como prêmio, manipula Garuda desse modo. Contrariamente, quando o objeto é negativo, o destinador manipulador procura incitar o dever do destinatário, como é o caso dos castigos. Esse processo é chamado intimidação. O pássaro, ao ameaçar comer a tartaruga, a manipula assim. Garuda, por sua vez, começa o conto intimidado pela fome.

Quando o destinador manipulador usa de um saber sobre o destinatário, ele sabe fazer uma imagem positiva ou negativa dele. Na positiva, ele busca incitar um querer por parte do destinatário, já que, com uma imagem positiva, ele se vê com vontade de confirmá-la. Esse processo é chamado sedução. Ele aparece no caso da bajulação e do elogio, por exemplo. Contrariamente, na imagem negativa, o destinatário vê-se obrigado a negá-la, assumindo, portanto, um dever. Esse processo é chamado provocação. Quando a tartaruga, mesmo sendo lenta, desafia Garuda para uma corrida, mostra que ela, pretendendo ganhar, faz uma imagem negativa do pássaro. Ele, provocado, disputa por dever.

Desse modo, não basta adquirir poder e saber durante a ação, para agir, o sujeito narrativo precisa também assumir querer ou dever. Querer, dever, saber e poder são chamados pela semiótica objetos modais, sem os quais não há realização de *performance*. A sua aquisição, portanto, diz respeito aos programas narrativos de uso e à aquisição de competência.

Depois de realizada, a *performance* é sancionada ou não por um destinador julgador. Nesse julgamento, ele avalia de acordo com o ser e o parecer do que foi realizado pelo destinatário da sanção. Quando *é* e *parece*, há a verdade, e quando *não é* e *não parece*, a falsidade. Quando *parece* mas *não é*, há a mentira, e quando *é* mas *não parece*, o segredo. Garuda toma por verdade algo que é mentira por um lado, e é segredo, por outro: é mentira que se trata apenas de uma tartaruga, já que parece ser apenas uma, mas não é; é segredo que se trata de muitas delas, já que são muitas, mas não parece. Assim, a articulação do *ser vs. parecer* gera as modalidades veridictórias, usadas no percurso da sanção:

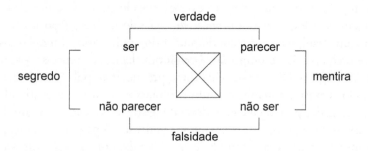

Os percursos de manipulação, ação e sanção constituem o esquema narrativo. Esse esquema, porém, está formalizado em termos de estados de coisas, já que sua formalização é baseada em processos de conjunção e disjunção com objetos de valor. No entanto, uma análise da competência de Garuda mostra que não é só por meio de estados de coisas que a narrativa funciona. De acordo com sua competência modal, o pássaro, desde o começo do conto, já era competente para realizar sua *performance*. Manipulado pela fome, ele tem o dever e o querer; tendo encontrado a tartaruga, ele tem o saber; e sendo mais forte e mais rápido, ele tem o poder. Contudo, mesmo competente, ele cede à aposta e não realiza sua *performance*.

Cabe perguntar, então, por que mesmo competente ele não come a tartaruga, ignorando sua provocação para a corrida? Porque, além dos estados de coisas, determinados pelas junções entre os objetos modais e os objetos de valor, deve-se considerar também os estados de alma dos sujeitos narrativos. Essa inflexão dos estados de coisas para os estados de alma é chamada semiótica das paixões. Garuda cede à provocação porque ele é orgulhoso, ou seja, ele sofre essa paixão. Com a semiótica das paixões, o orgulho, a avareza, a cólera, o ciúme e outras paixões passam a ser consideradas nas relações entre o sujeito e seu fazer. Um sujeito corajoso, por exemplo, dificilmente é intimidado, já um sujeito covarde cede melhor a esse tipo de manipulação. O orgulhoso e o vaidoso, por outro lado, cedem com mais facilidade à provocação ou à sedução. Resta dizer que sujeito e objeto, destinador e destinatário são chamados actantes. Um actante não deve ser confundido com uma pessoa do discurso. Garuda, por exemplo, assume os actantes sujeito quando disputa; destinador manipulador, quando intimida a tartaruga; destinatário manipulado, quando aceita a provocação, e destinador julgador quando, enganado, considera sua oponente como vencedora. Desse modo, o papel actancial depende da função do actante na realização da narrativa.

Nível fundamental e nível narrativo definem a instância semionarrativa da geração do sentido. Em um último plano de análise a semiótica define o nível discursivo, responsável pela concretização dessa instância geral e abstrata em um enunciado particular.

O nível discursivo

O discurso do conto indiano realiza-se na forma de um enunciado que, por sua vez, é produzido por uma enunciação. A enunciação é uma instância pressuposta, já que o que se apresenta ao semioticista é seu produto, o enunciado. Isso faz da enunciação a instância de produção do discurso. Para que essa produção seja realizada, definem-se um enunciador e um enunciatário, cuja relação produz a enunciação. Enunciador e enunciatário podem ou não ser explicitados no enunciado. Quando a tartaruga diz: "Estou pronta para começar. Vossa Alteza pode ir pelo ar, eu irei pela água. Vamos ver quem será o ganhador. Se eu perder, seu prêmio será comer-me", a relação entre as pessoas eu-tu, que simula a relação enunciador-enuncitário, aparece explicitada no enunciado. Os pronomes pessoais "eu" e "me" e a desinência verbal de primeira pessoa do verbo "estou" marcam o enunciador, e o pronome de tratamento "Vossa Alteza" e o pronome possessivo "seu" marcam o enunciatário. Esse tipo de enunciação é chamado enunciação enunciativa.

O conto, no entanto, é narrado em terceira pessoa: "Quando voava sobre um lago, com muita fome, Garuda, o pássaro mágico de Vishnu, avistou uma tartaruga. A tartaruga desviou seu interesse sugerindo-lhe que, antes que a comesse, deveriam apostar uma corrida para ver quem era o mais rápido." Isso quer dizer que o enunciador e o enunciatário estão implícitos no enunciado, pois não há nenhuma marca pessoal que se refira a eles. Esse tipo de enunciação é chamado enunciação enunciva.

Não é apenas a categoria de pessoa que é colocada em discurso pela enunciação. Ao lado da categoria de pessoa, a enunciação coloca também as categorias de tempo e de espaço, situando o quando e o onde do discurso. Na enunciação enunciativa o tempo é o momento do agora e o espaço é o lugar do aqui. Na fala da tartaruga, o futuro do verbo ser *será* indica um tempo futuro em relação ao presente da enunciação. Na enunciação enunciva o tempo é o do *então* e o espaço é o do *lá*. Na narração do conto, o tempo refere-se a um passado, cuja concomitância é dada pelos verbos conjugados no pretérito perfeito ou imperfeito, e o espaço é marcado pelos adjuntos adverbiais usados para descrevê-lo.

Cada tipo de enunciação tem, portanto, sistemas pessoais, temporais e espaciais próprios, cuja colocação em discurso é chamada de debreagem. Cada um gera um efeito de sentido particular. A enunciação enunciativa, pela presença do "eu", é usada nos discursos subjetivos, como o da poesia lírica, já a enunciva é usada nos discursos objetivos, como o científico e o jurídico, por exemplo. Embora definam sistemas diferentes, suas diferenças podem ser neutralizadas e um sistema pode ser usado no lugar do outro. Na fala da tartaruga ela trata Garuda por "Vossa Alteza" que, embora se refira à segunda pessoa "tu", é um pronome de terceira pessoa. Usar a terceira pessoa no lugar da segunda afasta esse "tu" da relação eu-tu, tornando-o, assim, mais distante da relação subjetiva gerada por ela. Esse processo de neutralização é chamado embreagem. Quando um aluno pergunta para um professor se ele trará as provas corrigidas na próxima aula e o professor responde "trago", ele usa o presente no lugar do futuro, já que o mais adequado para designar uma ação futura é dizer "trarei". No entanto, esse uso presentifica a ação, garantindo-lhe valor de certeza em sua concretização. As debreagens e embreagens constituem, por isso, mecanismos de estratégias discursivas, usados para manipular e convencer durante a argumentação.

Esses mecanismos são ditos sintáticos. As categorias de pessoa, tempo e espaço recebem também investimentos semânticos, que podem ser temáticos ou figurativos. No caso do conto, trata-se de um discurso figurativo. As figuras são elementos do discurso que criam a ilusão de um mundo possível por produzir uma referencialização ao mundo natural. O pássaro, a tartaruga, o lago, a árvore *rathal* etc., são figuras do discurso. Essas figuras, designadas por meio de substantivos concretos, recobrem pelo menos um tema, que no caso do conto é o tema da disputa entre competidores desiguais. Se apenas o tema aparece lexicalizado em substantivos abstratos, produz-se um discurso temático, como são os discursos científico, jurídico e filosófico. Se um tema aparece recoberto por figuras, produz-se um discurso figurativo, como são os discursos das fábulas, das parábolas religiosas, dos mitos e dos romances.

Por meio de metáforas e palavras polissêmicas, mais de um tema pode ser discursivizado. No conto indiano, além do tema da disputa entre competidores desiguais, há o tema da sobrevivência entre predador e presa, e há o tema das relações sociais entre as castas, já que, como pássaro mágico de uma das divindades principais do hinduísmo, Garuda responde pelos valores da casta bramânica. Como as castas são sustentadas pelo discurso religioso, há também esse tema no conto.

A manifestação do conteúdo e o plano da expressão

Tudo o que se disse até agora se refere à formação do conteúdo. Um texto, porém, manifesta-se quando esse conteúdo é relacionado com um plano de expressão. Deixado de lado pela semiótica em um primeiro momento teórico, o plano da expressão passa a ser estudado na teoria dos sistemas semissimbólicos. Em muitos textos o plano da expressão funciona apenas para a veiculação do conteúdo, como na conversação, por exemplo. No entanto, em muitos outros, ele passa a "fazer sentido". Quando isso acontece, uma forma da expressão é articulada com uma forma do conteúdo, e essa relação é chamada semissimbólica. Uma pintura em que o conteúdo é articulado de acordo com a categoria semântica *vida vs. morte*, por exemplo, pode ter sua expressão formada de acordo com uma categoria plástica *luz vs. sombra*, de modo que a sombra refira-se à morte e a luz, à vida.

O semissimbolismo na fotografia

A nudez e o olhar

> *Por mais e mais que as sentinelas dobrem*
> *A sisuda Modéstia, o cauto Pejo,*
> *Teus braços logro, teus encantos bejo,*
> *Por milagre da ideia afoita e nobre.*
>
> Bocage

A nudez feminina é um tema comum nas artes plásticas. Escultores, pintores, fotógrafos e cartunistas têm se debruçado sobre ele inventando, a cada momento, novas formas de olhar para o corpo da mulher. Vejamos esta fotografia, de Paulo Mancini:

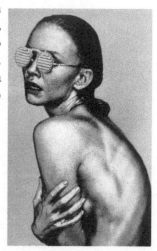

Ao lado da fruição estética, em que o texto fotográfico apresenta-se aos olhos para a admiração, vamos propor uma leitura semiótica desse nu. Fruir quer dizer desfrutar, gozar, mas também quer dizer utilizar. Desfrutar e gozar apontam para a admiração estética, em que basta olhar para o nu acima e deixar-se levar pelo prazer que ele proporciona. No entanto, paralelamente às impressões sensíveis da admiração, pode-se fruir desse nu no sentido de utilizá-lo em uma análise semiótica, que pretende, longe de sobrepor-se à primeira fruição, complexificá-la e demonstrar o quanto o inteligível é capaz de orientá-la.

O plano do conteúdo e o estatuto semiótico do nu

Em suas *Petites mythologies de l'oeil et de l'esprit*, J. M. Floch analisa este nu, de E. Boubat (FLOCH, 1985: 21-38):

Ao fazer a análise do plano do conteúdo desse texto, J. M. Floch propõe a categoria semântica mínima *natureza vs. cultura* para sua semântica fundamental. Justifica-se demonstrando que no busto nu da modelo é figurativizada a natureza, e em seus adereços, que são o arranjo dos cabelos e o tecido que envolve sua cintura, a cultura. Nesse ponto de vista, a análise de Floch não se restringe apenas ao conteúdo do nu de Boubat, mas a todo texto que pode ser reconhecido como tal. Em sua concepção, há um termo complexo formado pela categoria semântica *natureza vs. cultura* na definição desse tipo de texto. Assim sendo, o nu deixa de ser simplesmente o despido, a natureza, e passa a ser o despido articulado com outros valores culturais, de modo que o estatuto semiótico do nu não se estabelece como uma simples referência ao corpo humano sem roupas. Há no chamado nu artístico a construção de uma estética que realiza a nudez em meio a valores culturais, e é entre eles que o corpo que se despe adquire seu estatuto semiótico.

Uma maneira de determinar esse estatuto é, partindo da semiótica do corpo, verificar como sua colocação em discurso o transforma de um corpo simplesmente sem roupas em um nu artístico, que é como podem ser classificadas as fotografias de E. Boubat e de P. Mancini. Pode-se começar indagando qual o sentido de um corpo simplesmente despido.

Há um corpo denotado, sobre o qual conotações sociais podem ser projetadas? Ou melhor, há um tipo de conotação social capaz de construir em seu discurso um corpo denotado?

A religião e as artes sempre projetaram sobre o corpo valores míticos e estéticos, construindo em seus discursos corpos místicos e corpos belos. Gershom Scholem, falecido professor da Universidade Hebraica de Jerusalém e especialista na mística judaica, faz a seguinte reflexão quando examina o estatuto do corpo no discurso religioso do judaísmo (SCHOLEM, 1990: 12-13):

> Não menos digno de menção é, neste particular, o segundo conceito, que a *Torah* (Gênesis 1:26, 27; 9:6) apenas utiliza no âmbito da criação do homem, e que é, em certo sentido, o mote de todo e qualquer discurso antropomórfico sobre Deus: *Tzelem Elohim. Tzelem* significa, em hebraico, uma imagem plástica. Quando, portanto, Deus diz: "Façamos o homem segundo a nossa *Tzelem*, conforme à nossa semelhança" e, no versículo seguinte, se afirma: "Segundo a *Tzelem* de Deus, Ele o criou", a manifestação plástico-corporal do homem é posta, assim, em relação com a forma primordial nele reproduzida, seja ela qual for. Existe, portanto, como que uma "imagem" de Deus e uma "semelhança", *Demuth,* com Ele. Não é objeto de veneração cultual; mas é algo que, até na sua corporeidade, caracteriza a essência do homem. Como imagem de uma estrutura celeste, não necessariamente corporal, este conceito de *Tzelem* percorreu, pois, todos os estágios de interpretação e de transformação de sentido, forçados pelo desejo de ênfase cada vez mais forte da Transcendência divina e da concepção de Deus como Espírito.

Desse modo, o corpo humano é também um corpo místico, pois sobre sua corporalidade é projetada uma conotação social que, por meio do discurso religioso, identifica-o com a imagem e a semelhança de seu Deus criador. Sacralizado, ele deixa de ser apenas o corpo do homem e torna-se um corpo em que se complexifica o humano com o divino.

Entre as conotações estéticas, vale a pena comparar os corpos das três graças, de Botticelli, em sua tela *A primavera*, com os de Rubens, em *As três graças*:

O semissimbolismo na fotografia

A primavera (detalhe)   As três graças

Além de serem corpos femininos, as graças de Botticelli são esguias, ao passo que as de Rubens são robustas. Assim, há a valorização de duas estéticas contrárias, que antes de retratar corpos, coloca-os em discurso de acordo com as conotações plásticas próprias de cada uma delas.

Ora sagrado, ora belo, há também a possibilidade de, por meio do discurso, criar um efeito de sentido em que, aparentemente, o corpo é construído esvaziado de conotações. Nos livros didáticos de biologia e nos manuais de anatomia, o corpo é visto assim:

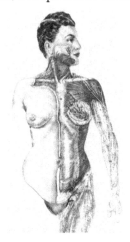

27

Trata-se do corpo mecânico, que, supostamente esvaziado de conotações, pretende ser apenas o corpo humano. Por isso, raramente ele é representado por fotografias ou pinturas, bastando para sua realização em discurso apenas o desenho, capaz de, por evitar a iconização própria da fotografia, torná-lo um corpo ainda mais abstrato e universal, como aquele que aparece desenhado na mensagem lançada no espaço pela sonda espacial *Voyager*. Objetivizado pelo discurso científico, o corpo humano, conotado cientificamente, aparentemente realiza-se denotado. Com esse estatuto semiótico, o corpo humano assume o sentido de uma espécie de grau zero da corporalidade, sobre o qual as conotações míticas e estéticas podem ser projetadas.

Descomplexificado pela aparente ausência de valores culturais, o corpo humano da biologia é apenas natureza, falta a ele a complexificação entre natureza e cultura, que garante seu estatuto semiótico artístico ou mitológico. Aparentemente sem conotações sociais, quando ele aparece nu, nu quer dizer simplesmente sem roupas. Cabe perguntar, então, como esse corpo denotado é transformado esteticamente em um nu artístico, como os de E. Boubat e de P. Mancini. Ou seja, procurar responder, em termos semióticos, como essa função referencial é convertida em função poética, na terminologia das funções da linguagem, de R. Jakobson.

Sabe-se que a projeção do eixo paradigmático no sintagmático garante a poeticidade de um texto, de modo que, quando a categoria semântica *natureza vs. cultura* é complexificada em um nu artístico, ocorre esse tipo de projeção. Quando os termos simples que compõem uma categoria semântica são colocados em discurso de modo complexo, ou seja, simultaneamente, há uma projeção do eixo paradigmático formado por eles no eixo sintagmático, em que são complexificados. Contudo, deve-se determinar, além dessa projeção, a rede de relações em que ela pode ser estabelecida, ou melhor, como o corpo despido, cientificamente denotado, pode ser complexificado com valores culturais na projeção da cultura sobre sua natureza humana.

Para isso, vamos examinar estas nove fotografias:

O semissimbolismo na fotografia

Percorrendo com o olhar a sequência das nove fotos, nota-se que, da foto 1 à foto 6, o corpo feminino vai sendo coberto, do despido das fotos 1 e 2, até encontrar-se vestido na foto 6, quando volta a ser despido de novo, só que com ênfase nas pernas, na foto 7; no púbis, na foto 8; e nos pés, na foto 9. Dentro dessa narrativa que vai do despido ao vestido e retorna àquele novamente, talvez apenas as fotos 1, 2, 3 e 8 possam ser consideradas como nus artísticos. Nas fotos 4, 5 e 6 as modelos estão vestidas e, nas fotos 7 e 9, há uma ênfase pouco usual em partes do corpo feminino, principalmente na foto 9, que com dificuldade permite classificá-las como as fotos 1, 2, 3 e 8. Contudo, essa ênfase permite estabelecer uma proximidade maior da foto 8 com as fotos 7 e 9, do que com as fotos 1, 2 e 3.

Nas fotos 1, 2 e 3 o corpo denotado e natural do discurso científico está articulado com outros valores culturais. Além da complexificação entre natureza e cultura, figurativizada pelos corpos depilados e pelos arranjos dos cabelos das modelos nas três fotos, em cada uma delas o corpo feminino ganha outras conotações. Na foto 1, a modelo emerge da terra como a vegetação que a cerca, complexificando, assim, a categoria semântica *animal vs. vegetal*; na foto 2, com o corpo feminino interagindo com as engrenagens de uma máquina, complexifica-se a categoria *humano vs. mecânico*; e na foto 3, ao cobrir seus seios e púbis com os leques, Brigitte Bardot os desvia de sua função usual e os transforma em figurativizações da cultura do complexo *natureza vs. cultura*, do qual faz parte a figura de seu corpo.

Além disso, por cobrir justamente essas partes, a modelo da foto 3 mostra que há uma demarcação de zonas do corpo sobre as quais incidem proibições de ordem moral. No universo antropológico em que essa foto se realiza como um objeto cultural, a exposição dos seios e do púbis é considerada falta de pudor, por isso, ao escondê-los com objetos impróprios para isso, complexifica-se a categoria *permitido vs. proibido*, que orienta essas zonas de demarcação: há proibição porque os seios e o púbis estão cobertos, mas há permissão porque o desvio da função dos leques, usados para cobri-los, realiza o nu escondendo essas partes sem vesti-las. Nessa pose, Brigitte Bardot transforma a permissão em permissividade.

O que diferencia a foto 3 das fotos 4, 5 e 6, entre outras características, é como se cobre e como se mostra, e o que se cobre e o que se mostra do corpo da mulher. As modelos dessas três últimas fotos cobrem seus corpos com objetos próprios para isso, ou seja, com vestidos, e nenhuma delas mostra partes do corpo sobre as quais, no atual momento da cultura em que estão inseridas, recaem interdições de ordem moral: Marilyn Monroe mostra seu colo e seus pés descalços na foto 4, a modelo da foto 5 mostra suas coxas e seus ombros, e a modelo da foto 6 mostra parte do colo e dos ombros. Assim vestidas, as modelos dessa segunda série de fotos não são personagens de um nu, entretanto, o modo como estão vestidas, antes de destacar unicamente o que se cobre, destaca, por contraste, também o que se despe, como colo, ombros, coxas e pés. Ainda complexificando *natureza vs. cultura* por meio da parte do corpo que se despe e daquela que se veste, na foto 4 sugere-se o despido por meio do vestido transparente, e nas fotos 5 e 6, por meio do vestido que se ajusta às formas do corpo.

Esse destaque das partes do corpo, menos tematizado nas fotos 4, 5 e 6, já prepara, potencialmente, a ênfase que pode ser dada a elas nas fotos 7, 8 e 9. Na foto 7, a pose da modelo destaca suas pernas, salientando que é essa parte de seu corpo que se pretende mostrar. Esse tipo de procedimento enfático encontra nas fotos 8 e 9 os limites de sua manifestação pois, se na foto 7 ainda aparece o corpo todo da modelo, na foto 8 aparece apenas o púbis e na foto 9 aparecem apenas os pés.

As fotos 7 e 9 foram recolhidas em revistas eróticas: a foto 7, no exemplar de agosto de 1996 da *Leg show*, uma revista especializada em pernas femininas; e a foto 9, no exemplar de 9 de janeiro de 1996 da *Beautiful bare feet*, uma revista dedicada ao fetiche por pés femininos. A foto 8, por sua vez, faz parte do álbum *Forms of desire*, de Doris Kloster, e está no capítulo "Obscure objects of desire". Talvez por retratar o púbis, parte do corpo sobre a qual recaem interdições morais, a foto 8 possa ser considerada um nu, contudo, sua temática permite classificá-la antes como as chamadas fotos de sexo bizarro, como é o caso das fotos 7 e 9.

A partir desse levantamento inicial, é possível articular o corpo despido e denotado do discurso científico com essas três formas encontradas de conotar o corpo em um tipo de discurso, que optamos chamar aqui de discurso erótico. Voltaremos a essa opção mais adiante;

por enquanto resta estabelecer, em termos semióticos, a rede de relações em que o corpo despido e denotado e os corpos da nudez artística, do vestir sensual e do destaque fetichista definem-se uns em relação aos outros.

Em seu *Sémiotique, marketing e communication*, no capítulo "J'aime, J'aime, J'aime..." (FLOCH, 1995: 119-152), J. M. Floch propõe uma tipologia dos modos de valorização utilizados pela propaganda publicitária, que pode fornecer as bases para a rede de relações que buscamos determinar.

No percurso da ação do esquema narrativo há dois tipos de programas narrativos: os programas de base e os programas de uso. Nos programas de base, o objeto sobre o qual são estabelecidas as junções com o sujeito é um objeto descritivo, contrariamente aos programas de uso, nos quais o objeto é modal. Uma taça, figurativizada em um brinde, é um objeto modal, pois ela figurativiza o poder necessário para a realização do programa de base. Contrariamente, a taça com a qual Cristo realizou a santa ceia, nas narrativas da *Demanda do santo graal*, está figurativizada como um objeto descritivo, porque além de ser o objeto do programa da base dessas narrativas, ela figurativiza o valor *vida* que encerra o estado de *não vida* no qual se encontra o rei Artur.

Esses dois modos de definir um objeto, em um programa de uso ou em um programa de base, determinam dois tipos contrários de valorização: uma valorização prática, para os programas de uso; e uma valorização utópica, para os programas de base. Cabe observar, junto com J. M. Floch, que utópico aqui não quer dizer ilusório, mas relativo a uma meta final. Assim, nos exemplos anteriores, a taça recebe uma valorização prática no brinde, e uma valorização utópica na *Demanda do santo graal*.

Articulados em um quadrado semiótico, esses dois modos contrários de valorização geram outros dois modos, subcontrários: uma valorização lúdica, que nega a valorização prática; e uma valorização crítica, que nega a valorização utópica.

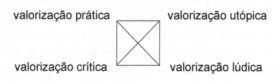

Em seu texto, J. M. Floch utiliza sua tipologia de valorizações na análise de propagandas de automóveis, estabelecendo as características atribuídas aos veículos responsáveis por cada um dos quatro tipos:

- a valorização prática corresponde aos valores de uso, concebidos como contrários aos valores de base (são os valores utilitários, como o manuseio, o conforto, a potência, ...);
- a valorização utópica corresponde aos valores de base, concebidos como contrários aos valores de uso (são os valores existenciais, como a identidade, a vida, a aventura, ...);
- a valorização lúdica corresponde à negação dos valores utilitários (a valorização lúdica e a valorização prática são contraditórias entre si; os valores lúdicos são o luxo, o refinamento, ...);
- a valorização crítica corresponde à negação dos valores existenciais (a valorização crítica e a valorização existencial são contraditórias entre si; as relações qualidade/preço e custo/benefício são próprias dos valores críticos). (FLOCH, 1995: 130-131)

Essa tipologia de valorizações não se restringe ao discurso das propagandas de automóvel, ela pode ser aplicada a outros tipos de propaganda e em quaisquer outros tipos de discurso, já que ela foi deduzida a partir de um modelo semiótico comum a todos eles. Assim, voltando às questões do corpo, o que faz dele um corpo denotado no discurso científico e um corpo conotado no discurso erótico é também o modo de valorizá-lo.

Naturalizado e exposto como uma máquina, o corpo humano da biologia é um objeto modal que figurativiza o saber. Mecanizado e subdividido em sistemas formados por órgãos específicos, o corpo é figurativizado com valores utilitários, ou seja, com uma valorização prática. Contrariamente, o corpo vestido com sensualidade, com tecidos transparentes aderindo à silhueta ou exibindo em detalhe algumas partes nuas, é um corpo que recebe uma valorização utópica. O corpo assim vestido é um objeto descritivo, seu estatuto narrativo é o de objeto de um programa da base, e não o de objeto modal de um programa de uso. Vestido com sensualidade, ele é o corpo realizado em conjunção com valores que determinam uma identidade e um modo de vida, traduzidos por esse vestir.

O nu artístico, por sua vez, nega o corpo prático do discurso científico. Atribuindo conotações ao corpo sem vesti-lo, esse tipo de nu caracteriza o corpo com uma valorização lúdica. Já o nu fetichista, aquele que seleciona partes do corpo para enfatizá-las, nega o corpo vestido sem despi-lo totalmente. Incidindo sobre as partes, essa ênfase fetichista provoca uma valorização crítica entre o que se despe e o que se veste na valorização utópica, dotando de sensualidade não o todo, mas apenas algumas partes do corpo, como os cabelos, as pernas, os pés.

A relação entre o quadrado semiótico da tipologia de valorizações e as formas de valorizar eroticamente o corpo denotado do discurso científico fica, portanto, assim esquematizada:

Uma vez estabelecida a rede de relações em que o corpo despido e denotado encontra-se articulado com conotações eróticas, resta verificar como o sujeito observador, aquele que usufrui dessas conotações e que, por isso mesmo, as determina, interage com essa rede.

A erotização do corpo dá-se por meio de conotações sociais projetadas sobre ele. O corpo humano, naturalizado como está no discurso científico, é deserotizado. Nele, a sexualidade é reduzida às funções reprodutoras. Complexificada com valores culturais, a sexualidade assume conotações eróticas que não se confundem com as da reprodução da espécie, por isso optamos por chamar erótico o discurso que projeta sobre o corpo humano esse tipo de valor, como é o caso das nove fotografias analisadas e dos nus de E. Boubat e de P. Mancini.

Essas conotações eróticas são o produto do que se pode chamar paixões eróticas, ou seja, estados de alma do sujeito observador que orientam o seu olhar sobre o corpo erotizado. São elas, justamente, que determinam como e o que esse observador deseja ver nesse corpo. Assim, embora a foto 9 enfatize os pés descalços em uma conotação explicitamente fetichista, uma paixão erótica como a podolatria pode desviar a foto 4, típica do vestir-se com sensualidade, para o tipo fetichista, já que nela Marilyn Monroe posa descalça. O mesmo vale para o colo da modelo da foto 6, para as coxas da modelo da foto 5 e para os cabelos da modelo da foto 1. Os nus de E. Boubat e de P. Mancini, típicos da nudez artística, também podem sofrer esse tipo de desvio, já que o destaque nas costas das duas modelos potencializa uma conotação fetichista dessa parte do corpo feminino.

O plano da expressão e os contrastes na fotografia

O nu de P. Mancini é semelhante ao de E. Boubat, em ambos há um destaque nas espáduas das modelos e ambas usam, pelo menos, um adereço. A parte destacada do corpo são as costas, no entanto, a modelo de P. Mancini cobre os olhos, e não a cintura, e não há destaque em seu penteado.

Ao analisar o plano da expressão do nu de E. Boubat, J. M. Floch conclui que, ao contrário da figurativização apresentar contrastes em sua manifestação plástica, são os contrastes formados no plano de expressão que determinam a figurativização. Longe da figura realizar-se por uma referência à modelo fotografada, são os contrastes da expressão fotográfica que permitem sua figurativização (FLOCH, 1985: 21-26). No nu de P. Mancini dá-se o mesmo.

Sobre uma superfície homogênea de fundo, a figura da modelo desse nu manifesta-se plasticamente por meio do contraste entre dois outros modos de compor uma superfície: um que dá forma a seu corpo e outro que dá forma a seus óculos. Como a fotografia é em preto e branco, a cor não aparece como elemento distintivo, o que nos leva a buscar distinções nas gradações e nos contornos desse preto e branco. Pode-se fazer dois destaques para observar melhor essas diferenças de textura entre o corpo e os óculos da modelo, revelando dois modos de composição:

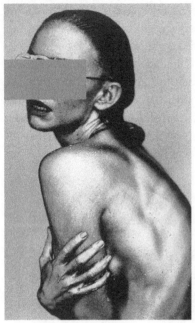

Modo 1 Modo 2

No modo 1, o corpo é formado por meio de um contraste entre luz e sombra. Ao contrário de linhas definidas, seu corpo é formado por manchas de sombra que contrastam com a luz que incide em seu ombro e em suas costas. Já os óculos do modo 2, contrariamente, são formados por linhas bem definidas e sem os contrastes de luz e sombra do modo anterior.

A diferença de estilo do traço entre o que está em destaque no modo 1 e no modo 2 é a mesma que o teórico da arte Heinrich Wölfflin estabelece entre o estilo pictórico e o estilo linear nas artes plásticas (WÖLFFLIN, 2000). Citado com frequência nos trabalhos de J. M. Floch, H. Wölfflin estabelece procedimentos fundamentais de tratamento plástico que organizam os dois estilos considerados. Próprio do Classicismo, no estilo linear o traçado é feito por meio de linhas, enquanto no estilo pictórico, próprio do Barroco, o traçado é feito por meio de manchas. Comparando Botticelli com Caravaggio, podem ser demonstrados esses dois procedimentos de representação:

Linear   Pictórico

As linhas do estilo linear trazem, em decorrência de seu tipo de plasticidade, uma disposição das imagens representadas em planos e com suas formas fechadas pelas linhas, por isso, há uma pluralidade de elementos descontínuos que são mostrados no quadro e uma clareza nessa disposição. Já no estilo pictórico, a plasticidade das manchas forma profundidades e imagens com formas abertas que, sem os limites das linhas do estilo linear, criam uma unidade entre os elementos mostrados por meio de uma obscuridade de sombras.

Isso estabelece um conjunto de categorias de expressão próprias para a formação de cada estilo: o tipo de traço é formado pela categoria *linha vs. mancha*; o tipo de contorno gerado por ele é formado pela categoria *fechado vs. aberto*; a disposição das figuras é formada pela categoria *planos vs. profundidade*; a apreensão da totalidade da imagem é formada pela categoria *multiplicidade vs. unidade*; e, sua clareza, pela categoria *absoluta vs. relativa*. Esquematicamente, pode-se representar as relações entre essas categorias, seus domínios de aplicação na formação plástica e os respectivos estilos:

	desenho	contornos	disposição	totalidade	clareza
linear	linhas	fechados	planos	multiplicidade	absoluta
pictórico	manchas	abertos	profundidade	unidade	relativa

Essas relações definem uma categoria de expressão *estilo linear vs. estilo pictórico*, que dá conta de sistematizá-las como uma categoria formal do plano de expressão plástica. O corpo da modelo de P. Mancini é formado, portanto, no estilo pictórico. Uma comparação com dois desenhos de nus, um de Dürer, no estilo linear (WÖLFFLIN, 2000: 44), e outro de Rembrandt, no estilo pictórico (WÖLFFLIN, 2000: 45), pode justificar essa afirmação:

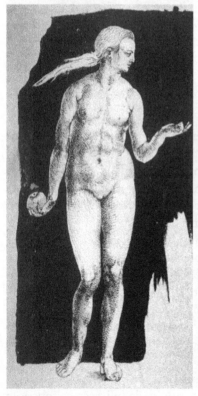

Dürer   Rembrandt

O corpo da modelo está manifestado no mesmo estilo pictórico em que Rembrandt desenha seu nu, por meio de manchas, e não como em Dürer, que compõe seu nu por meio de linhas bem definidas. Já os óculos, formados por círculos e retas em linhas geométricas, estão no estilo linear. A título de comparação, apresenta-se abaixo um detalhe de Dürer, no qual há a representação de um objeto, traçado nesse mesmo estilo. Trata-se de um dos presentes dos três reis magos:

O contraste entre esses dois estilos, contrários entre si, forma a rede de relações plásticas que compõe o plano da expressão do nu de P. Mancini. Articulados em um quadrado semiótico, pode-se estabelecer como ele dá forma ao que é figurativizado nessa fotografia:

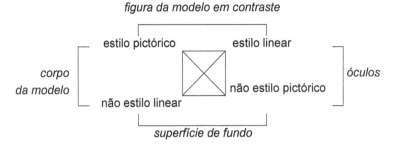

Assim, o estilo pictórico dá forma ao corpo da modelo; o estilo linear dá forma a seus óculos; o termo neutro dessa rede de relações dá forma à superfície de fundo, que não é formada nem no estilo pictórico e nem no linear; e o termo complexo dá forma à figura da modelo, em que contrastam seu corpo e seus óculos.

Semiótica visual • Os percursos do olhar

A relação semissimbólica entre expressão e conteúdo

O plano do conteúdo do nu de P. Mancini é formado pela categoria semântica fundamental *natureza vs. cultura*: a natureza é figurativizada pelo corpo despido e a cultura, pelos óculos. A relação entre *natureza vs. cultura* e /corpo nu/ vs. /óculos/ não é ainda semissimbólica, pois é estabelecida apenas no plano do conteúdo entre a categoria semântica fundamental e as figuras do discurso. Para haver um semissimbolismo, deve-se confirmar que há uma relação, também, com categorias do plano da expressão. Para isso, há de se verificar o tratamento plástico dado ao /corpo nu/ e aos /óculos/.

Como demonstrado no item anterior, essas duas figuras do discurso estão manifestadas por meio do contraste entre duas formas de composição plástica contrárias: o estilo pictórico para o /corpo nu/, que figurativiza o termo simples natureza; e o estilo linear para os /óculos/, que figurativizam o termo simples cultura. Desse modo, categorias plásticas, próprias do plano da expressão, estão correlacionadas com categorias do plano do conteúdo na composição dessa fotografia:

PC	natureza	vs.	cultura
	/espádua nua/	vs.	/óculos/
PE	estilo pictórico	vs.	estilo linear

O uso dos estilos pictórico e linear promove efeitos de sentido próprios de cada um na construção do texto visual. Um deles é a relação que cada estilo estabelece com o observador da imagem na instância da enunciação, no nível discursivo; e outro é a possibilidade de formular relações entre eles e outras categorias semânticas, na construção do que Claude Lévi-Strauss chama pequenas mitologias (FLOCH, 1985: 15-16). Vamos examinar, em seguida, cada um desses efeitos de sentido.

Estilo linear e estilo pictórico
na enunciação do plano da expressão

Como um texto, toda foto é um enunciado que implica em uma enunciação que o produziu. O observador da foto, portanto, é o enunciatário dessa enunciação. Ao examinar o trabalho de H. Wölfflin, J. M. Floch estuda como o enunciatário pode ser manipulado de modos diferentes por cada um dos dois estilos (LANDOWSKI e FIORIN, 1997: 213-217). O estilo linear compõe-se por planos nos quais as imagens estão dispostas, de modo que esse tipo de desenho coloca seu observador em um plano a mais em que ele pode observá-lo. Já o estilo pictórico, composto de profundidades nas quais as imagens podem ser vislumbradas, coloca seu observador em meio a essas profundidades.

Para H. Wölfflin, em termos do que se torna sensível para o observador, no estilo linear há um efeito táctil e no estilo pictórico, um efeito visual (WÖLFFLIN, 2000: 20), o que está de acordo com as posições do enunciatário estabelecidas por J. M. Floch (LANDOWSKI e FIORIN, 1997: 213- 217). Quando o observador está em um plano a mais, estabelecido pelas linhas, as imagens estão distantes em outros planos, e, pelo destaque de suas formas plásticas, as imagens são tomadas isoladamente e parecem ser oferecidas ao tato. Já quando o observador está em um lugar da profundidade formada pelas manchas do estilo pictórico, as imagens perdem sua clareza e são tomadas em uma totalidade, parecendo ser mais visíveis que tangíveis.

A partir desses efeitos de sentido, pode-se afirmar que o estilo linear promove um afastamento do enunciado e o estilo pictórico, uma aproximação. O fato de parecer afastado no estilo linear não significa que o observador não veja as imagens, contudo, é pelo distanciamento que o toque pode ser motivado. Já no estilo pictórico, o olhar divaga pela totalidade das imagens, inserindo seu observador entre elas. Desse modo, a categoria formal *aproximação vs. distanciamento* pode ser colocada em paralelo com a categoria plástica *estilo pictórico vs. estilo linear*.

A categoria *aproximação vs. distanciamento*, por sua vez, é aplicada na instância da enunciação, em que regula as relações entre a enunciação e o enunciado. No nível discursivo do percurso gerativo do sentido, o esquema narrativo é discursivizado por meio da colocação em discurso das categorias sintáticas de pessoa, tempo e espaço, e pelo revestimento semântico com temas e figuras. Dependendo de como as categorias de pessoa, tempo e espaço são discursivizadas, há uma aproximação ou um distanciamento entre enunciação e enunciado. Exemplificando com a categoria de pessoa, um discurso, quando enunciado em primeira pessoa, aproxima a enunciação do enunciado porque explicita nele o enunciador por meio do *eu*, e o enunciatário, por meio do *tu*. Como a enunciação é definida na relação enunciador-enunciatário, marcá-los no enunciado faz com que haja essa aproximação. Já no discurso enunciado em terceira pessoa, quando tanto o enunciador quanto o enunciatário são apagados do enunciado, há um afastamento. No que diz respeito à categoria de pessoa, a enunciação em primeira pessoa promove um efeito de sentido de subjetividade, e a em terceira pessoa, de objetividade.

Essas relações, entretanto, são pertinentes ao plano do conteúdo. O nível discursivo, tal como é definido pela semiótica, é o último patamar do percurso gerativo do sentido, de modo que, para que haja uma textualização, o conteúdo gerado por esse percurso deve ser manifestado por um plano de expressão. A categoria *estilo pictórico vs. estilo linear*, entretanto, é uma categoria de expressão, e não de conteúdo, o que permite indagar a que tipo de enunciação ela se refere, já que a enunciação, na semiótica, está definida no plano do conteúdo.

Quando se diz que o estilo pictórico aproxima o enunciatário do enunciado e o linear afasta-o, coloca-se em questão a possibilidade de se pensar em uma enunciação própria do plano de expressão, com seus respectivos efeitos de sentido. Se no plano de conteúdo uma enunciação em primeira pessoa aproxima enunciação e enunciado, no plano da expressão uma enunciação no estilo pictórico manipula seu enunciatário no mesmo sentido. Contrariamente, se no plano de conteúdo uma enunciação em terceira pessoa afasta enunciação e enunciado, no plano da expressão uma enunciação no estilo linear pode fazer o mesmo.

Essa enunciação, própria do plano de expressão, também produz seus efeitos de sentido, determinados pelo próprio H. Wölfflin:

> Com tudo isso, entretanto, o mais importante ainda não foi mencionado. É preciso que retornemos àquela diferença básica entre representação linear e pictórica, já conhecida pela Antiguidade: a primeira representa as coisas como elas são; a segunda, como elas parecem ser. A definição soa um pouco grosseira e quase insuportável aos ouvidos filosóficos. Afinal, tudo não é aparência? E que sentido há em se falar de uma representação das coisas como elas são? Na arte, porém, esses conceitos têm sua

permanente razão de ser. Existe um estilo, de aspecto fundamentalmente objetivo, que apreende e expressa os objetos em suas contingências fixas e palpáveis; e, em contrapartida, existe um estilo mais subjetivo, que toma por base da representação o *quadro*, onde o visível parece real aos olhos, e que, frequentemente, guarda pouca similitude com a concepção da forma real dos objetos. (WÖLFFLIN, 2000: 28)

Desse modo, na enunciação em estilo linear, que promove o afastamento, há um efeito de sentido de objetividade; e na enunciação pictórica, que promove a aproximação, há um efeito de sentido de subjetividade.

Estilo linear e estilo pictórico na construção de mitologias

Na introdução de suas *Petites mythologies de l'oeil et de l'esprit* (FLOCH, 1985: 11-19), J. M. Floch compara as relações semissimbólicas com o conceito de pequenas mitologias, de C. Lévi-Strauss (FLOCH, 1985: 15-16).

Sobre o comentário de que a palavra *jour*, em francês, lembra mais a noite, e *nuit*, o dia, faz o antropólogo suas considerações. O que faz com que *jour* seja relacionada à noite e *nuit*, ao dia, é uma relação que se estabelece entre vogais posteriores (/o/ e /u/) e os conteúdos próprios da noite, como a escuridão e as sombras, e entre vogais anteriores (/i/) e os conteúdos próprios do dia, como a luz e a claridade. Essa relação é semissimbólica, já que categorias da expressão são relacionadas com categorias do conteúdo. Contra esse semissimbolismo que inverte o conteúdo dessas palavras em francês, C. Lévi-Strauss faz outra relação que adequa novamente *jour* aos conteúdos do dia e *nuit*, aos da noite. *Jour* apresenta um vocalismo grave em sua entonação, ao contrário de *nuit*, que apresenta um vocalismo agudo. Para o antropólogo, o vocalismo grave pode ser relacionado com o aspecto durativo do dia, e o vocalismo agudo, com o aspecto perfectivo da noite. Nas palavras dele: "para mim, o dia é uma coisa que dura, e a noite, uma coisa que se dá como na locução 'a noite cai', de modo que o dia é um estado e a noite, um acontecimento" (FLOCH, 1985: 15-16). À sua maneira, ele constrói uma segunda relação semissimbólica para rebater a primeira. Chama isso de uma pequena mitologia, já que nela se busca organizar, miticamente, uma desorganização entre som e sentido.

Essas pequenas mitologias, que aparentemente negam as relações arbitrárias entre expressão e conteúdo, não fazem mais do que construir relações semissimbólicas em que, por relacionar categorias entre os dois planos da linguagem, promovem efeitos de sentido de motivação.

Ao propor a análise das artes plásticas por meio das relações entre o linear e o pictórico, H. Wölfflin também constrói uma pequena mitologia, que pode ser deduzida a partir destas observações:

> Pelos mesmos princípios é que se pode falar de uma beleza pictórica das ruínas. O rigor da forma tectônica é quebrado, e quando os muros começam a desmoronar, quando aparecem buracos e rachaduras e o mato começa a envolver tudo, surge uma forma de vida que se agita e cintila por sobre a superfície. No momento em que os contornos se tornam inquietos e as linhas e ordenações geométricas desaparecem, o edifício se une em um conjunto pictórico com as formas em movimento livre na natureza, com árvores e colinas, o que não é possível para a arquitetura que não está em ruínas. (WÖLFFLIN, 2000: 33)

O estilo linear faz com que suas imagens, pelo contorno definido das formas, pareçam estáticas; o estilo pictórico, ao contrário, dinamiza suas imagens pela imprecisão dos contornos. Com essas considerações, H. Wölfflin constrói uma relação semissimbólica entre os estilos linear e pictórico, do plano da expressão, com a categoria de conteúdo *estático vs. dinâmico*:

PE	estilo linear	vs.	estilo pictórico
PC	estático	vs.	dinâmico

Além dessa, no texto citado de H. Wölfflin aparece outra relação da categoria semântica *estático vs. dinâmico* com a categoria semântica *morte vs. vida*, como se pode notar na afirmação de que "quando os muros começam a desmoronar, quando aparecem buracos e rachaduras e o mato começa a envolver tudo, surge uma forma de vida que se agita e cintila por sobre a superfície". Para H. Wölfflin, a geometrização linear esvazia a imagem de movimento, ao contrário das manchas pictóricas, que são capazes de dinamizar a imagem. O paralelismo com a categoria semântica *morte vs. vida* surge de uma analogia, culturalmente determinada, que relaciona morte com ausência de movimento e vida, com a presença.

Essa relação, se não pode ser devidamente chamada de uma pequena mitologia, tem a mesma estrutura dela. Tem a mesma estrutura porque, em ambas, há a construção de uma relação semissimbólica feita por meio do discurso, que as estabelece buscando organizar o não motivado, não mais entre o som e o sentido, mas entre a plasticidade e este último. Se o estilo linear produz um efeito de sentido estático e o pictórico, dinâmico, devido às propriedades de cada um, significa deduzir um efeito de sentido gerado por cada um deles. Mas relacionar os conteúdos estático com *morte* e dinâmico com *vida* é completamente arbitrário. Nada impede que, em um ponto de vista contrário, essa relação seja invertida, ou seja, com o conteúdo estático significando vida e o dinâmico, morte. H. Wölfflin faz a mesma coisa com seus estilos que C. Lévi-Strauss faz com as palavras *jour* e *nuit*. No entanto, como sua concepção está de acordo com a concepção de boa parte da cultura em que está inserido, não é adequado chamá-la de uma pequena mitologia, mas de uma mitologia mais coletiva que a pequena mitologia formulada por Lévi-Strauss. A mitologia do antropólogo, em suas próprias palavras, funciona para ele, e não necessariamente para outros.

Isso faz com que essa relação mitológica seja diferente da relação dos estilos com a enunciação, que é uma relação estabelecida por orientações inerentes aos estilos, sendo, portanto, decorrente deles. Essa relação dos estilos com a categoria *morte vs. vida* é baseada em semelhanças socialmente conotadas, e não em decorrências. Se a relação dos estilos com a enunciação pode ser chamada sistemática, a relação com a categoria *morte vs. vida* pode ser chamada metafórica. Além do mais, a relação dos estilos com a enunciação, traçada no item anterior, não é semissimbólica, pois ela é própria do plano da expressão. Assim, o próprio H. Wölfflin define uma relação semissimbólica, de cunho mitológico, que pode ser sugerida pelos dois estilos. Esquematicamente, obtêm-se as seguintes relações:

PE	estilo linear	vs.	estilo pictórico
PC	estático	vs.	dinâmico
	morte	vs.	vida

As duas últimas relações, tanto a que diz respeito à enunciação quanto a que diz respeito à categoria semântica fundamental *morte vs. vida* são próprias do uso dos estilos, e não próprias de um texto particular. Deve-se verificar, então, o que o uso dessas relações estilísticas produz no texto fotográfico de P. Mancini.

Enunciação e mitologia no nu de Paulo Mancini

Nesse nu, a partir da categoria semântica fundamental *natureza vs. cultura*, foi possível definir, respectivamente, as figuras da modelo e dos óculos que formam a imagem fotografada. Depois, a partir dos estilos que formam essas duas figuras, foi possível relacionar *estilo pictórico vs. estilo linear*, nesse texto, com a categoria semântica que orienta seu sentido. A demonstração foi feita, portanto, da direção do plano do conteúdo para o plano da expressão:

$$
\begin{array}{c}
\text{PC} \left[\begin{array}{c} \text{natureza vs. cultura} \\ \Downarrow \\ \text{/espádua nua/ vs. /óculos/} \end{array} \right. \\
\Downarrow \\
\text{PE} \left[\text{estilo pictórico vs. estilo linear} \right.
\end{array}
$$

Em seguida, partindo das propriedades de cada um dos estilos, independente do texto em que eles aparecem, foi possível deduzir mais duas relações, uma dos estilos com a enunciação e outra, semissimbólica, com a categoria semântica *morte vs. vida*. Contrariamente à demonstração anterior, essas relações foram feitas na direção do plano da expressão para o plano do conteúdo:

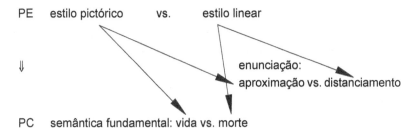

Na primeira dedução, aquela que parte do conteúdo para a expressão e que é própria do texto de P. Mancini, verificam-se propriedades dessa fotografia, e nas seguintes, aquelas que partem da expressão dos estilos para seus efeitos de aproximação e distanciamento, e dos conteúdos estático/morte e dinâmico/vida que eles podem sugerir, verificam-se propriedades próprias do uso de cada um dos estilos. Assim, deve-se examinar como essas determinações, projetadas do plano da expressão no plano do conteúdo, a partir dos estilos empregados na expressão, relacionam-se com a forma do conteúdo própria dessa fotografia. Dito de outro modo, deve-se verificar que efeitos de sentido as orientações dos estilos *pictórico vs. linear* promovem no conteúdo dessa foto, orientado pela categoria *natureza vs. cultura*.

Vamos examinar, primeiro, a relação dos estilos com a enunciação. O estilo pictórico aproxima o observador, nessa foto, do corpo da modelo, que é uma figura da natureza. Sensibilizando o visual, é com os olhos que esse corpo é sentido. No entanto, quando o observador é aproximado por meio do traçado pictórico do corpo, ele é afastado por meio de traçado linear dos óculos, que é uma figura da cultura. Assim, há uma aproximação pela natureza e um distanciamento pela cultura na textualização desse nu.

Nessa foto, essa estratégia de sentido produz um efeito particular. Se o estilo pictórico aproxima pela impressão visual, é com os olhos que se aproxima da modelo e de sua nudez; mas quando se olha para seus olhos, ali estão os óculos, e a imagem linear que afasta. Esses óculos têm a particularidade de serem opacos, o que quer dizer que, com eles, a modelo não pode ver. Dessa maneira, o observador-enunciatário é aproximado por meio de seus próprios olhos e é afastado pelos olhos da modelo. Trata-se, por isso, de uma antítese, que se estabelece entre o observador enunciatário e o enunciado observado.

No que diz respeito ao semissimbolismo estabelecido com as categorias semânticas *estático vs. dinâmico* e *morte vs. vida*, a morte fica projetada, por meio do estilo linear, nos óculos, o que determina essa conotação social sobre a cultura. Contrariamente, a vida fica projetada, por meio do estilo pictórico, no corpo da modelo, o que determina essa conotação sobre a natureza. Assim orientadas ideologicamente, essas duas categorias do conteúdo orientam o sentido do texto da fotografia, afirmando o dinamismo vital da natureza em oposição à estaticidade mortal dos objetos da cultura. Dessa maneira, aquilo que veste, os óculos, é capaz de paralisar a vida em movimento, vista no nu. A antítese, agora, dá-se na imagem revelada na fotografia, ou seja, em seu enunciado, e não em sua enunciação, como é o caso da relação examinada antes.

O exame dessa fotografia traz conclusões interessantes sobre a orientação e a geração do sentido. Se a imagem da foto é orientada pelo conteúdo semântico *natureza vs. cultura*, que incide sobre a nudez da modelo e sobre seus óculos, que se manifestam, respectivamente, de forma pictórica e de forma linear no plano da expressão, pode-se entender uma geração de sentido que parte do conteúdo e se manifesta na expressão. Quando se parte dos estilos e de suas implicações com a enunciação e com o semissimbolismo estabelecido com as categorias *estático vs. dinâmico* e *morte vs. vida*, há uma inversão desse vetor, já que é partindo da expressão que se gera o conteúdo. O sentido admite, portanto, essa dupla orientação semiótica.

São esses efeitos e orientações de sentido que garantem o estatuto poético da foto de P. Mancini e que condicionam o sensível de seu fruir estético e erótico, pois a beleza, concordando com H. Wölfflin, é o fruto de "interesses pelo mundo orientados de forma diferente" que fazem surgir, "a cada vez", "uma nova beleza" (WÖLFFLIN, 2000: 38).

O espaço da liberdade

como um tempo de alegria
por trás do terror me acena

e a noite carrega o dia
no seu colo de açucena

– sei que dois e dois são quatro
sei que a vida vale a pena

mesmo que o pão seja caro
e a liberdade pequena

Ferreira Gullar

A fotografia, um sistema semiótico plástico, frequentemente aparece articulada com um sistema semiótico verbal, compondo o que a semiótica chama de texto sincrético. Quando isso acontece, o sentido do texto deve ser determinado nas relações estabelecidas entre os dois sistemas.

Ao examinar as relações que se podem estabelecer entre o linguístico e o fotográfico, R. Barthes propõe que, em relação à imagem, a palavra pode ter duas funções: de ancoragem ou de etapa (BARTHES, 1984: 31-34). Para o semiólogo, "toda imagem é polissêmica, implicando, subjacente aos seus significantes, uma 'cadeia flutuante' de significados, dos quais o leitor pode escolher uns e ignorar outros" (BARTHES, 1984: 32). A articulação da imagem com a palavra, portanto, torna-se um dos modos de orientar e restringir essas escolhas do leitor: quando as palavras explicam o que se passa nas imagens, como nas legendas das fotos jornalísticas, o verbal cumpre a função de ancoragem; quando entre palavra e imagem há uma relação complementar, que se resolve na totalidade da mensagem, como nos diálogos das histórias em quadrinhos, o verbal cumpre sua função de etapa (BARTHES, 1984: 32-33).

Tanto em sua função de ancoragem quanto de etapa, o texto verbal pode relacionar-se com a imagem de, pelo menos, dois modos: com ou sem o estabelecimento de relações semissimbólicas entre categorias semânticas, do plano do conteúdo, e categorias fonológicas e plásticas, do plano da expressão. Vamos chamar esses dois modos, respectivamente, de modo referencial e modo poético. Sem semissimbolismo, o modo referencial do texto verbal delimita a polissemia da imagem, mas com semissimbolismo, além dessa delimitação, constrói-se uma poeticidade entre imagem e palavra. Voltaremos ao estatuto semiótico dessa poeticidade mais adiante.

Se no capítulo anterior estuda-se um texto fotográfico sem sincretismo com uma semiótica verbal, neste capítulo e no próximo estudam-se textos sincréticos. Neste capítulo, estuda-se um sincretismo entre imagem e linguagem verbal em sua função de etapa no modo referencial; e no seguinte, entre imagem e linguagem verbal em sua função de ancoragem, tanto no modo referencial quanto poético.

O fato da função de etapa estar no modo referencial não significa que não haja semissimbolismo entre o verbal e o não verbal articulados no texto sincrético; só significa que ele não se dá entre categorias fonológicas e categorias plásticas, mas entre as manifestações dos dois sistemas em função de um texto maior, que articula imagem e palavra. Em um cartaz, em que uma foto aparece com sua legenda, o texto analisado é o do cartaz, no qual foto e legenda aparecem compondo um texto maior. Esse tipo de texto que é estudado em seguida.

A fotografia e a legenda com função de etapa no modo referencial

Na capa do número 11 da revista *Veja*, de 20 de novembro de 1968, aparece este cartaz com uma foto, acompanhada de uma frase familiar:

É possível que muitos nem se lembrem mais de quem se trata, afinal, o ano de 1968 encontra-se já bem recuado no tempo. Além do mais, para os que forjaram uma história do Brasil no mínimo suspeita, aquele que já foi tão procurado teve, depois, de ser esquecido quase completamente. Enquanto os nomes de numerosos fascistas circulam por nosso país em monumentos, rodovias e pontes, o nome do comunista Carlos Marighela, salvo o trabalho de uns poucos que militam pela sua recuperação, não aparece em lugar algum. Procurando-o também, vamos ao encontro dele no espaço desse cartaz. Pode-se começar a análise isolando a imagem da legenda e estudá-la separadamente. Sem a dimensão verbal, o texto fica reduzido à imagem de um homem desnudo, que aponta para o peito com uma das mãos. Assim, saber quem ele é e em que circunstâncias essa foto foi batida determina o sentido formado. Não se propõe, com isso, substituir uma análise semiótica por uma análise histórica. Como em qualquer texto, há na fotografia a colocação das categorias discursivas de pessoa, tempo e espaço, cujos revestimentos semânticos podem ser determinados a partir dos discursos históricos que dialogam com o tema da fotografia em questão, contribuindo, assim, para seu estudo semiótico.

Como uma pessoa do discurso, quem aparece na foto torna-se uma personagem da história que ela conta, de modo que se pode determinar o papel representado a partir de suas conotações sociais e lê-lo como um papel social. No retrato com a família, por exemplo, um homem pode representar o papel do pai zeloso, no entanto, em uma farra com amigos, o papel pode mudar significativamente. Esse ponto de vista tem a vantagem de não confundir o indivíduo fotografado, e toda sua complexidade humana, com os papéis que, socialmente, ele é convocado a representar no texto da fotografia.

Carlos Marighela representa, sem dúvida, um dos nomes mais importantes da resistência contra o fascismo no Brasil. Lutou contra o conservadorismo do regime dos coronéis do Nordeste, contra a ditadura do Estado Novo, contra a extrema direita do governo de Eurico Gaspar Dutra e contra a ditadura militar instaurada com o golpe de Estado de 1964. Assassinado durante essa ditadura, foi considerado por ela inimigo público número um. O papel social que ele representa, portanto, é o de um revolucionário, construído entre dois discursos políticos: um capaz de elegê-lo como herói; e outro que o transforma em inimigo público, enquadrado em leis de segurança nacional como um criminoso. Essa foto foi famosa em sua época. Desde a cassação do mandato de deputado federal durante o governo Dutra, em 1947, que foi acompanhada da colocação do PCB na ilegalidade, Marighela tornou-se um militante clandestino até o seu assassinato. Em 1º de abril de 1964, dia seguinte ao golpe de Estado, a polícia política já o procurava em seu apartamento, no Rio de Janeiro. Tendo conseguido escapar, foi acuado, no dia 9 de maio do mesmo ano, no cinema da galeria Eskye. Marighela resistiu à prisão. Mesmo com um tiro no peito, lutou com os muitos guardas que o prendiam, distribuindo murros e pontapés.

O ato de covardia e arbitrariedade foi notório. O cronista Sérgio Bittencourt publicou, no *Correio da Manhã* de 12 de maio do mesmo ano, o seguinte texto sobre o ocorrido:

> Um fato, um único fato, pode caracterizar um estado de coisas. Os homens de Borer afirmaram, na sede do DOPS, que tiveram que atirar em virtude de Marighela encontrar-se armado. Mentira, e o fotógrafo deste jornal foi ameaçado por um dos vândalos, justamente porque fotografaria, como fotografou, Marighela sem arma, apanhando como um assassino. Quantas mentiras já foram ditas? A fotografia que publicamos hoje mostra o terror estampado na cara das crianças presentes à arbitrariedade. Não sei de nada mais inútil que uma criança terrificada. Os homens de Borer não sabem disto, porque de pouca coisa sabem na vida. No máximo, assinam o nome e o livro de ocorrências; acrescentam nomes à interminável lista de prisioneiros. [...] O que sei, o pouco que sempre soube, é o que um bom-senso me grita: pior que fazer uma "revolução" com aspas é aliar essa mesma "revolução" ao sangue inútil arrancado do corpo de um homem cambaleante, indefeso e sozinho – tudo isto ante os olhos confusos e assustados de crianças, que podem não saber o que seja uma "revolução", mas já percebem o que é uma covardia. (JOSÉ, 1997: 209-210)

Sua resistência à prisão está de acordo com a postura que Carlos Marighela assumiu durante sua militância política após o golpe de 64. Seu irmão mais novo, Caetano, ouviu dele, quando se viram pela última vez depois do golpe: "Nunca mais hão de me torturar. Resisto, dou tiros e morro. O que não quero é voltar a ser torturado." (JOSÉ, 1997: 126). Ao lado da luta intelectual, exercida por ele com vigor em seus pronunciamentos, manifestos e poemas, Marighela foi um dos principais articuladores da luta armada no Brasil, na direção da Aliança Libertadora Nacional.

Depois da emboscada no cinema, Marighela passou oitenta dias preso e foi libertado por um *habeas corpus*, impetrado pelo advogado Sobral Pinto. Uma vez livre, percorreu as redações dos jornais cariocas denunciando a arbitrariedade sofrida. A foto usada pela *Veja* foi batida em uma dessas ocasiões.

A história que ela nos conta, portanto, é a de um líder político que, perseguido por uma ditadura antidemocrática, consegue escapar, ainda que brevemente, e é capaz de denunciá-la mostrando, em seu próprio corpo, sua violência. A cicatriz apontada em seu peito foi feita pela bala que o atravessou durante a prisão no cinema.

O discurso da foto, portanto, é orientado pela categoria semântica fundamental *opressão vs. liberdade*. O que sua personagem faz é negar a opressão ao denunciá-la publicamente, por meio da imprensa, afirmando a liberdade de se contrapor a seus inimigos políticos. O que se conta na foto faz parte de uma narrativa que começa com a emboscada, o tiro e a prisão no cinema, ou seja, na afirmação da opressão, e continua em sua negação no ato da denúncia. A cena fotografada realiza justamente esta etapa, a não opressão do percurso opressão ⇒ não opressão ⇒ liberdade:

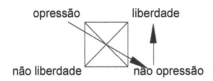

Analisando o texto verbal do cartaz, verifica-se que ele participa do mesmo conteúdo da foto. "Procura-se Marighela" é uma frase realizada na voz passiva sintética. Nela, "Marighela" é o sujeito e o "-se"

é o pronome apassivador. Essa frase é derivada da voz passiva analítica, que pode ser reconstruída em "Marighela é procurado por alguém", em que "Marighela" continua com a função sintática de sujeito e o "alguém" tem a função de agente da passiva. Na voz ativa, a frase é "Alguém procura Marighela".

Nessa reconstrução, somos obrigados a tomar um pronome indefinido como "alguém" para as funções de agente da passiva, na voz passiva analítica, e de sujeito, na voz ativa. Esse "alguém", já indefinido, fica mais indefinido quando é substituído pelo pronome apassivador "-se", na voz passiva sintética, que é como o texto verbal é enunciado. Esse recurso sintático tem a função de ocultar o sujeito da voz ativa por meio de uma estratégia gramatical. Assim, não se diz quem procura Marighela, imprimindo à frase uma impessoalidade. Por não mostrá-lo, não se mostram também os motivos para procurar alguém. Em uma frase como "A polícia política da ditadura militar procura Marighela", o papel social de seus perseguidores fica explicitado, de modo que se pode, assim, determinar a polêmica que faz de Marighela uma presa. Como na emboscada no cinema, seus inimigos continuam escondidos na frase.

Além do mais, a oração remete, por meio de uma intertextualidade, à famosa frase usada na perseguição aos foras da lei, que, geralmente, aparece acompanhando ou uma foto ou um retrato falado do bandido. O texto está construído, portanto, nessa estilização das fotos dos criminosos, à qual voltaremos mais adiante, para explicar seus efeitos de sentido. No cartaz, a foto usada não se resume ao retrato de um rosto que se pretende identificar; na história que ela conta o que aparece é um revolucionário afirmando seus direitos de opção política, e é desse modo que o texto verbal, sincretizado com o texto plástico da fotografia, participa de seu conteúdo. No caso, ele afirma a opressão, que vem negada pela imagem de Marighela e insere-se na narrativa contada pela foto. Quando Marighela mostra o tiro que levou daqueles que se esconderam no pronome apassivador da frase, os conteúdos da opressão realizados na frase coincidem com os mesmos realizados na fotografia, por isso ela pode "explicar" a imagem, delimitando o que R. Barthes chama de polissemia. E ainda, como manifesta uma parte da narrativa, no caso aquela em que se afirma a opressão negada na foto, o texto verbal cumpre a função de etapa.

O semissimbolismo no texto do cartaz

No item anterior, embora imagem e palavra tenham sido estudadas separadamente, só foi possível relacionar seus conteúdos no texto do cartaz, em que ambas estão sincretizadas. Nesse sincretismo, imagem e palavra estão separadas: há o espaço da foto, na zona superior, e o espaço da frase, na inferior. Nesse texto, portanto, há a categoria topológica de expressão *superior vs. inferior* a organizar a disposição dos dois sistemas semióticos sincretizados.

No plano do conteúdo do texto do cartaz, como foi deduzido, a frase afirma os conteúdos da opressão e a foto nega esses conteúdos em direção à afirmação dos conteúdos de liberdade. Desse modo, se os sistemas semióticos manifestam diferentes etapas dessa narrativa, que está orientada da opressão para a liberdade no percurso opressão ⇒ não opressão ⇒ liberdade, e são distribuídos de acordo com a categoria de expressão *superior vs. inferior*, há no texto do cartaz uma relação semissimbólica entre a categoria semântica *liberdade vs. opressão* e a categoria plástica topológica *superior vs. inferior*. No texto sincrético do cartaz, os conteúdos da opressão são manifestados no sistema semiótico verbal, que está localizado em sua parte inferior; e os conteúdos do percurso não opressão ⇒ liberdade são manifestados no sistema semiótico plástico da fotografia, que está localizado em sua parte superior.

PC	PE
liberdade	superior
opressão	inferior

Desse modo, o percurso da narrativa opressão ⇒ não opressão ⇒ liberdade, contado no plano do conteúdo, é manifestado, no plano da expressão, no sentido inferior ⇒ não inferior ⇒ superior.

A intertextualidade do cartaz e seus efeitos de sentido

Esse cartaz, próprio para a imagem de um bandido, ganha um novo sentido quando realiza a imagem de um revolucionário. Seu texto mostra que o conceito de crime é varado pelas relações políticas que o determinam. No sistema capitalista, é criminoso todo aquele que viola os direitos à propriedade privada, seja ele um ladrão, que visa os bens de consumo, seja ele um comunista, que visa os meios de produção. Procurado por uma polícia impessoalizada em uma voz passiva sintética, pretende-se dizer que o comunista Marighela é igual a qualquer criminoso. Sua foto e a história que ela conta, no entanto, complexificam o sentido dessa palavra. O cartaz diz, como o próprio Marighela disse quando de sua prisão no cinema, "sou comunista mas não sou criminoso". Ele é e não é criminoso: perante o direito à sua liberdade política, ele é um comunista, contudo, enquadrado na lei de segurança nacional, ele é um fora da lei.

Nos tempos de agora, em um momento histórico diferente, o sentido do texto continua o mesmo mas pode ser acrescido de outro, bem menos opressor. Procurar Marighela hoje não quer dizer procurar para prendê-lo, mas para compreender seu papel político e o exemplo dado por alguém que não se dobrou aos fascistas de sua época: um ser humano notável, que soube complexificar o homem das letras, em seus poemas e pronunciamentos no Congresso Nacional, com o homem das armas, na direção da ALN.

A bola rola solta

Para aplicar uma firula exata
Que pintor
Para emplacar em que pinacoteca, nega
Pintura mais fundamental
Que um chute a gol
Com precisão
De flecha e folha seca

Chico Buarque

O modo de sincretismo entre o verbal e o não verbal dos sistemas semióticos plásticos varia quanto ao tipo de relação que essas duas formas de expressão podem contrair entre si, como foi exposto no início do capítulo anterior. Vamos examinar, em seguida, um texto em que o verbal tem a função de ancoragem (BARTHES, 1984: 32-33), na terminologia de Barthes. Contudo, no texto escolhido para análise, essa função está manifestada de dois modos distintos: em um deles, o texto verbal explica o que se conta na imagem, referindo-se a ela sem que categorias fonológicas, por meio de uma relação semissimbólica com categorias semânticas, entrem em relação com categorias plásticas da fotografia; no outro, há essa relação semissimbólica. Em outras palavras, no texto sincrético, o texto verbal se manifesta nos modos referencial e poético, definidos no segundo capítulo.

No sincretismo examinado no capítulo anterior, a relação semissimbólica construída no texto do cartaz separa a dimensão verbal da não verbal. No que é examinado em seguida, por meio de uma categoria do plano do conteúdo, pode-se estabelecer relações mais complexas entre categorias fonológicas, próprias do plano de expressão linguístico, e categorias plásticas. É nessas relações que se define o estatuto de uma poeticidade própria desse tipo de sincretismo.

Vamos examinar este texto, que abre uma reportagem da revista *Placar*, especializada em futebol (*A revista no Brasil*: 59):

A reportagem foi feita por Alceu Toledo Jr., com fotos de Ricardo Correa, sobre o futebol entre os presidiários da Casa de Detenção do Carandiru. Nele, além da frase título da reportagem "A bola rola solta na cadeia", aparece, no canto superior direito, outro texto verbal que diz "Na Casa de Detenção do Carandiru, o futebol é bem mais que uma diversão entre os presos". Ambos referem-se à imagem da fotografia não em função de uma mensagem maior, mas a título de delimitar sua polissemia com uma explicação a respeito do que se conta nela. Essa função de ancoragem, porém, não é feita do mesmo modo pelos dois textos verbais.

Naquele em que se diz que "Na Casa de Detenção do Carandiru, o futebol é bem mais que uma diversão entre os presos", há uma especificação do lugar e dos atores que participam do jogo, que aparecem indeterminados na fotografia. Por meio dele complementa-se uma figurativização, adequada para o enunciado desse texto sincrético, que dá conta de especificar o que se conta por meio da imagem fotografada.

O outro texto verbal, "A bola rola solta na cadeia", cumpre a mesma função de ancoragem, já que ele completa a figurativização das imagens determinando o lugar onde se joga. No entanto, há uma relação entre categorias fonológicas que o formam e categorias plásticas que formam a imagem do jogo, que diferencia essa ancoragem da anterior.

No texto sincrético em questão há uma tematização do jogo e da correção penal, que se realiza tanto na foto quanto na frase título da reportagem. Na foto, a prisão aparece figurativizada nas grades das celas dos presidiários e o jogo, figurativizado na tomada de uma partida de futebol. Na frase, a oração "a bola rola solta" refere-se ao jogo, enquanto a locução adverbial "na cadeia" refere-se à prisão. Assim, tanto a semiótica verbal quanto a não verbal podem ser analisadas a partir do mesmo conteúdo, cujo nível fundamental pode ser descrito de acordo com a categoria semântica *opressão vs. liberdade*.

São relativos à liberdade os valores designados pelo jogo de futebol e colocados em discurso; e à opressão, os valores relativos às normas penais e à cadeia. Jogar, como uma atividade lúdica, suspende as normas penais em função de uma atividade contrária a elas. Durante o jogo, os presidiários assumem outros papéis temáticos que não os de encarcerados. Como jogador, um preso pode tornar-se um goleiro, um capitão de time, um centroavante etc., de modo que, pela suspensão das atividades de presidiário, consegue-se um momento de liberdade em meio à opressão da casa de detenção.

Na semiótica plástica da fotografia, as imagens da cadeia e do jogo devem ser analisadas a partir de categorias plásticas que orientam sua realização no plano de expressão. O texto sugere a escolha de, pelo menos, duas delas: uma topológica, *superior vs. inferior*, responsável pela disposição das figuras na foto; e uma eidética, *uniforme vs. multiforme*, responsável por suas formas.

As janelas e o campo de futebol dividem a fotografia em dois espaços: o inferior, onde se realiza o jogo; e o superior, onde aparecem as janelas gradeadas. Desse modo, cadeia e jogo estão distribuídos no espaço de acordo com a categoria plástica *superior vs. inferior*. Essa categoria, que dá conta de organizar a forma de distribuir o espaço, está relacionada com a categoria plástica *uniforme vs. multiforme*, que, por sua vez, organiza os contornos das imagens expressas. As janelas têm a forma regular, ou seja, são uniformes. Tratam-se de quatro filas com catorze colunas que sistematizam 56 quadrados equiláteros na parte superior da foto. O jogo, contrariamente, não tem uma forma regular. São aproximadamente trinta pessoas, com contornos multiformes, distribuídas irregularmente ao longo do espaço inferior.

cadeia *(superior/uniforme)*

jogo *(inferior/multiforme)*

Essa relação entre os termos simples superior/uniforme e inferior/multiforme não é semissimbólica, pois está restrita aos domínios do plano de expressão. No entanto, por meio dos valores semânticos de opressão e liberdade, relacionados respectivamente com a cadeia e o jogo, é possível determinar um semissimbolismo entre a categoria de conteúdo *opressão vs. liberdade* e a relação entre as categorias plásticas *superior vs. inferior* e *uniforme vs. multiforme*, do plano de expressão:

plano de conteúdo	opressão vs. liberdade
plano de expressão	superior vs. inferior
	uniforme vs. multiforme

Essa relação semissimbólica é estabelecida na semiótica não verbal plástica que compõe esse texto sincrético, por isso as categorias de expressão relacionadas são categorias plásticas. O plano de expressão das semióticas verbais tem uma dimensão fonológica, portanto, é com esse tipo de categoria que a semiótica verbal da frase "A bola rola solta na cadeia" deve ser analisada.

De acordo com a categoria de conteúdo *liberdade vs. opressão*, a frase pode ser dividida em duas partes: "A bola rola solta" refere-se à liberdade e "na cadeia", à opressão. Começando pelo exame das consoantes que formam a frase, verifica-se que nos dois segmentos há a presença de consoantes oclusivas, /b/ e /t/ no primeiro e /d/ e /k/ no segundo; e há consoantes constritivas, o /l/ e o /r/, apenas no primeiro. São chamadas oclusivas as consoantes produzidas por meio de uma obstrução total no aparelho fonador seguido de uma explosão, como as consoantes /p/, /b/ e /m/; são chamadas constritivas as consoantes produzidas por uma obstrução parcial no aparelho fonador, que permite a passagem do fluxo de ar em sua realização, como as consoantes /f/, /v/, /s/ e /z/. A constrição em torno da sequência "bo/a ro/a solta" pode sugerir um rolar mais efetivo da bola, pois essa aliteração, relacionada ao conteúdo da frase, constrói uma onomatopeia. No entanto, isso não caracteriza uma relação semissimbólica, pois não há uma categoria fonológica *constritivo vs. oclusivo* relacionada com a categoria semântica *liberdade vs. opressão*, mas apenas a realização de uma figura de linguagem.

Quanto às vogais, a vogal /a/ aparece nos dois segmentos; as vogais /ó/ e /ô/ aparecem só no primeiro; e a vogal /ê/ e a semivogal /j/, só no segundo. Os fonemas /ó/-/ô/ e /ê/-/j/ opõem-se pela categoria *posterior vs. anterior*, já que as vogais /ó/ e /ô/ são formadas na zona de articulação posterior, e a vogal /ê/ e a semivogal /j/, na zona de articulação anterior. As vogais podem ser articuladas em três zonas na cavidade bucal: a vogal /a/ realiza-se com a língua relaxada na zona média da boca; as vogais /é/, /ê/ e /i/ e a semivogal /j/ realizam-se com a elevação progressiva da ponta da língua na zona anterior da cavidade bucal; e as vogais /ó/, /ô/ e /u/ e a semivogal /w/ realizam-se com a elevação progressiva do dorso da língua na zona posterior da mesma cavidade. Desse modo, há uma relação semissimbólica entre a categoria fonológica de expressão *vogal posterior vs. vogal anterior* e a categoria de conteúdo *liberdade vs. opressão*. Assim, em "A bola rola solta" o conteúdo liberdade é relacionado com a vocalização posterior; e em "na cadeia" o conteúdo opressão é relacionado com a vocalização anterior:

	A bola rola solta	na cadeia
plano do conteúdo	liberdade	vs. opressão
plano da expressão	vogal posterior	vs. vogal anterior

Semiótica visual • Os percursos do olhar

A semiótica verbal, no entanto, é expressa pelo registro escrito, o que implica em que o desenho das letras participa da semiótica plástica na composição do texto. Há, pelo menos, duas propriedades plásticas a serem consideradas: a cor e o tamanho da fonte. A palavra *cadeia*, no original, é escrita em vermelho, enquanto as demais letras são brancas, e sua fonte é maior.

Quanto ao tamanho, a categoria plástica *menor vs. maior* é adequada para descrever a relação entre as duas fontes utilizadas. Quanto à cor, caso considere-se o branco como o suporte para a realização das demais cores, pode-se estabelecer a categoria cromática *incolor vs. colorido* para dar conta da relação estabelecida entre o branco e o vermelho. Como a fonte maior e colorida escreve a palavra *cadeia*, e a fonte menor e incolor, a frase "A bola rola solta na", o conteúdo relativo à liberdade relaciona-se com os primeiros termos simples das categorias plásticas e o conteúdo relativo à opressão, com os segundos. Desse modo, determina-se outra relação semissimbólica entre a categoria semântica e as categorias plásticas que determinam o tamanho e a cor das letras escritas.

		A bola rola solta na		cadeia
plano do conteúdo		liberdade	vs.	opressão
plano da expressão	tamanho	menor	vs.	maior
	cor	incolor	vs.	colorido

Além do mais, deve-se mencionar o desenho da letra "o" dentre os efeitos de sentido que a plasticidade da escrita estabelece com os conteúdos verbais da frase. De formato circular, o "o" é semelhante à bola que rola em "A bola rola solta", de modo que uma particularidade da escrita é aproveitada para construir uma relação entre o formato da letra e o conteúdo da frase. Esse efeito verbi-vocu-visual, no entanto, não é conseguido a partir de relações semissimbólicas, mas a partir de uma figura de linguagem que, ao mesmo tempo que produz uma metáfora entre a bola e a letra "o" por meio de uma relação de semelhança, produz uma anáfora por repeti-la três vezes no texto.

Em síntese, as relações semissimbólicas podem ser esquematizadas deste modo:

62

plano do conteúdo		liberdade vs. opressão	
plano de expressão	semiótica plástica	fotografia superior vs. inferior	
		uniforme vs. multiforme	
		escrita menor vs. maior	
		incolor vs. colorido	
	semiótica verbal	vogal posterior vs. vogal anterior	

É a presença dessas relações entre categorias fonológicas e categorias plásticas, feitas por meio de uma relação semissimbólica com uma categoria semântica, que diferenciam uma ancoragem poética de uma referencial.

O estatuto semiótico do modo poético

O quadro anterior permite visualizar o tipo de relação entre o verbal e o não verbal plástico a que chamamos ancoragem no modo poético. Se no texto do capítulo anterior esses dois sistemas semióticos estavam separados, cada um em função de um dos termos da categoria *liberdade vs. opressão*, no exemplo deste capítulo há uma relação entre categorias fonológicas e categorias plásticas, em função da mesma categoria de conteúdo, que lhes confere um estatuto semiótico de poeticidade.

Como foi lembrado no primeiro capítulo, há efeito de sentido de poeticidade quando o eixo paradigmático é projetado no eixo sintagmático. No que diz respeito ao plano de expressão, na fotografia do jogo de futebol há essa projeção do paradigma *uniforme vs. multiforme* na disposição sintagmática, orientada pela categoria *superior vs. inferior*; assim como na frase, em que o paradigma *vogal anterior vs. vogal posterior* é projetado no sintagma "A bola rola solta na cadeia". No plano do conteúdo, tanto a fotografia quanto a frase complexificam, na descrição que fazem do jogo entre os presidiários, o paradigma *liberdade vs. opressão*, promovendo o mesmo tipo de projeção, já que todo termo complexo realiza o paradigma que o forma.

É essa poeticidade do modo poético de sincretismo entre o verbal e o não verbal, que não está presente no modo referencial, que garante um estatuto semiótico diferente. Por ser poético, confere ao sincretismo a capacidade de estabelecer uma ludicidade que o modo referencial evita. Enquanto na frase "Na Casa de Detenção do Carandiru, o futebol é bem mais que uma diversão entre os presos" há apenas uma delimitação da polissemia da imagem, na frase "A bola rola solta na cadeia" essa delimitação é acompanhada por um efeito poético que, ao contrário de delimitar o que se passa na imagem em termos referenciais, a carrega da ludicidade própria do jogo de palavras da poesia. Ao contrário do modo referencial, no modo poético ratifica-se a poeticidade que por ventura há na composição da imagem, por meio do semissimbolismo que sincretiza, em uma mesma forma semiótica, formas fonológicas e formas plásticas.

O semissimbolismo na pintura

Às sombras da opressão

Eu não tenho vergonha
de dizer palavrões
de sentir secreções
(vaginais ou anais).
As mentiras usuais
que nos matam sutilmente
são muito mais imorais,
são muito mais indecentes.

Leila Míccolis

Ao definir a significação como seu objeto de estudos, a semiótica desenvolve uma tecnologia de análise de texto que contribui bastante para responder à conhecida questão a respeito do que um texto quer dizer, ou seja, o que ele significa. Ao lado dessa questão, a semiótica responde também como ele diz aquilo que diz. A semiótica plástica e a teoria dos sistemas semissimbólicos, portanto, são parte dessa tecnologia, permitindo estudar o plano da expressão e suas relações com o plano do conteúdo.

Os dois capítulos seguintes, reservados à analise da pintura, são exercícios de aplicação, e nossos objetivos são mostrar como essa tecnologia de análise de texto pode ser utilizada. Vamos começar com um desenho, de Alvim Correia, que pode ser visto na página seguinte.

Henrique Alvim Correia (1876-1910) foi um dos expoentes da pintura brasileira na virada do século XIX para o século XX. Uma das temáticas recorrentes em seus trabalhos é a sátira de costumes, como no desenho em questão. Trata-se de uma jovem, praticamente nua, atada a um poste e exibida para uma multidão de mulheres, bem mais velhas, que por sua vez bradam contra ela com gestos impetuosos e expressões agressivas. Para uma sátira de costumes, a cena pintada é bem violenta, pois mostra a beleza de uma jovem sendo massacrada covardemente pela feiura de uma multidão. No entanto, há uma timia construída em torno dessa beleza que, devido a uma sensibilização fórica, coloca em questão sua derrota pela multidão e a torna, de certo modo, vencedora.

O percurso temático do castigo e o percurso da luz

O que é necessário para caracterizar um tema é a recorrência de motivos, de modo que eles são o produto de um conjunto de discursos sobre os mesmos tópicos culturais. São temas: ideologias políticas, sexualidade, justiça etc. Os temas variam nos domínios de abrangência e podem também se relacionarem entre si.

O texto de Alvim Correia trata, pelo menos, de dois temas. Um deles, o mais evidente, é o tema do castigo, que aparece na variante da exposição pública do condenado. O outro, é o tema da sexualidade e do tratamento dado à mulher dentro de uma concepção determinada de seu papel sexual.

O castigo público é comum na história das penalidades. Desde a tortura e morte públicas à simples exposição do condenado, o que se representa nesse rito social é o exemplo, dado para a confirmação de um costume moral que, se violado, traz o rito do castigo como consequência. Assim, contrariamente ao castigo do martirológio, que é considerado injusto, há um castigo justificado. Se o martírio produz santos ou heróis, o castigo justo produz culpados.

Os exemplos desse tema e da variante em questão são fáceis de encontrar. No século XIX, em sua *Notre Dame de Paris*, Victor Hugo o realiza em dois dos castigos que aparecem no romance: Quasímodo é torturado e exposto publicamente após sua coroação como rei dos tolos; e Esmeralda é conduzida publicamente, sobre uma carroça, para ser enforcada. Já no século XX, o desenhista de quadrinhos para adultos George Pichard desenha, com frequência, esse tema. Eis um exemplo de suas condenadas à execração pública:

O castigo sempre pressupõe uma culpa para sua colocação em discurso. Se é na culpa que se deve buscar os motivos ideológicos que determinam a aplicação do castigo, é em seu grau de intensidade que se mede o peso da contravenção e o valor moral dessa culpa. Nos desenhos de G. Pichard, a condenada, além dos castigos físicos recebidos, recebe o castigo moral de servir como exemplo e alerta para futuros candidatos à reincidência no crime cometido. No caso, os desenhos são fragmentos da *graphic novel Marie Gabrielle de Saint Eutrope* (PICHARD, 1988) e a condenada é a heroína Marie Gabrielle, falsamente acusada de assassinar o marido. Mas mesmo sem saber seu crime, a intensidade dos castigos nos diz que ele é grave.

Expor uma pessoa à nudez nesse tipo de castigo é destituí-la de sua condição humana e reduzi-la à condição animal. As roupas, antes de servir de proteção às rudezas físicas do mundo, são a expressão de conotações sociais que definem um papel social para quem as veste.

Elas fazem parte da cultura que se coloca sobre a natureza nua do homem. Sem as roupas, o homem é como um animal, e desnudá-lo é mostrar a existência dessa animalidade, disfarçada como está sob as roupas. Embora continuando humano, ele é reduzido a uma condição animal, por isso o castigo do desnudamento. Quanto maior o número dos espectadores dessa nudez, maior é o exemplo, portanto, maior é o castigo do condenado. Essa é a função da plateia, execrar o condenado pela punição do olhar.

Assim como Marie Gabrielle, a condenada de Alvim Correia é também amarrada nua e exposta ao público. Pelo castigo, o crime deve ser grave, no entanto, não se pode determiná-lo com a precisão da culpa de Marie Gabrielle, devidamente explicada no texto da *graphic novel*. Contudo, é possível determinar a semiótica que dá forma ao desenho de Alvim Correia.

O castigo imposto a quem, nu e amarrado, é exposto ao público, é a restrição da liberdade por meio da opressão. A categoria semântica fundamental que orienta o texto de Alvim Correia é, por isso, *opressão vs. liberdade*. Embora orientando a semântica fundamental do texto, as imagens pintadas não expressam a liberdade, mas sua negação perante a afirmação da opressão. Isso precisa ser explicado semioticamente.

A orientação que a categoria semântica fundamental imprime no texto não é a de uma estrutura estática, polarizada entre dois limites semânticos de um mesmo eixo de sentido. Sua orientação é dinâmica, pois sistematiza as afirmações e negações dos termos simples que geram esse eixo semântico no desenvolvimento da narrativa contada no texto, de modo que a afirmação de um termo implica na negação de seu contrário. Assim, para a liberdade ser afirmada em relação à opressão, há a etapa da não opressão; e para a opressão ser afirmada em relação à liberdade, há a etapa da não liberdade. Obtêm-se, portanto, duas orientações possíveis:

opressão ⇒ não opressão ⇒ liberdade
liberdade ⇒ não liberdade ⇒ opressão

Na teoria semiótica, essas operações são sistematizadas no quadrado semiótico:

E seus percursos seguem as seguintes orientações:

O que aparece na imagem da pintura é o percurso da negação da liberdade, a não liberdade, e a afirmação da opressão, de modo que a condenada presa é uma figura que representa a não liberdade, a multidão, a confirmação da opressão. Esse percurso no plano do conteúdo divide o plano da expressão do quadro, verticalmente, em dois espaços, fazendo com que a esquerda seja o espaço da não liberdade e a direita o espaço da opressão.

Embora haja uma relação entre expressão e conteúdo, ela não é construída colocando em paralelo a afirmação dos termos das categorias envolvidas. A categoria de conteúdo *liberdade vs. opressão* não está em paralelo com a categoria de expressão *esquerda vs. direita*, o que ocorre é que a etapa de negação da liberdade e a consecutiva afirmação da opressão é desenhada no caminho do olhar que vai da esquerda para a direita, na disposição das imagens na tela. Isso delimita zonas de sentido para a colocação das personagens que tematizam o castigo, e também caracteriza uma relação semissimbólica, já que relaciona formas da expressão e formas do conteúdo.

A relação semissimbólica entre termos contrários, no caso, dá-se com a luz. No lado esquerdo do desenho a moça é desenhada de tal modo que ela é um ponto de luz englobado por sombras que, no lado direito, vão se transformar na multidão. Se a luz pode ser descrita por meio da categoria de expressão *luz vs. sombra*, a figura da moça realiza o termo luz e a figura da multidão, o termo sombra. A figura que realiza a liberdade é a moça desnuda, relacioná-la à não liberdade deve-se ao fato dela estar amarrada em um tronco para ser castigada. Já a multidão é a figura que realiza a opressão, pois a confirma em seu julgamento sobre a condenada. Portanto, a figura da moça realiza no plano do conteúdo a liberdade e, no plano da expressão, a luz; contrariamente, a figura da multidão realiza no plano do conteúdo a opressão, e, no plano da expressão, a sombra:

PC	liberdade	vs.	opressão
PE	luz	vs.	sombra

Nessa relação, o sentido nos espaços esquerdo e direito do desenho adquirem a seguinte orientação: no espaço esquerdo, há no plano do conteúdo a liberdade sendo negada quando a moça é amarrada e exposta nua, e no plano da expressão, a luz é negada pela sombra quando as sombras englobantes envolvem a luz englobada; no espaço direito, há no plano do conteúdo a opressão afirmada pela multidão julgadora, e no plano da expressão, a afirmação da sombra.

As categorias de expressão também podem ser articuladas em um quadrado semiótico, de modo que o semissimbolismo determinado fica assim:

O que se mostra no desenho é, portanto, o percurso semissimbólico que vai da não liberdade/não luz para a opressão/sombra:

PC	não liberdade	⇒	opressão
PE	não luz	⇒	sombra

São essas as orientações de sentido que constroem o tema do castigo. Deve-se examinar, em seguida, como é orientado o tema da sexualidade.

O percurso temático da sexualidade e o percurso da luz

A moça de Alvim Correia não está totalmente nua, ela calça meias pretas com ligas e sapatos de salto, além de usar uma fita prendendo seus cabelos. Se há algum pudor em expor alguém seminu, certamente ele não recai sobre meias e sapatos, e sim sobre seios e genitais, partes que a moça traz descobertas. Não é por pudor, então, que a moça está calçada assim. Este outro desenho de Alvim Correia, intitulado *Nu com chapéu e meias*, pode ajudar no exame do tema da sexualidade.

Na época do pintor, na virada do século XIX para o século XX, e até nos tempos atuais, na virada do século XX para o século XXI, meias pretas fazem parte de fantasias eróticas fetichistas. Eis algumas fotos da época de Alvim Correia, que confirmam esse imaginário:

1890

1920

Não se trata de condenar Alvim Correia como um fetichista, assim como a multidão em seu desenho condena a moça de meias pretas, mas o *Nu com chapéu e meias* mostra que ele reconhece esse tema erótico. A moça condenada, aliás, é do mesmo tipo físico da moça do *Nu com chapéu e meias*. Além das meias escuras, ambas têm os cabelos claros e trazem adereços na cabeça: uma tem um chapéu; e a outra, uma fita. Provavelmente, orientar conteúdos eróticos é o crime da moça. A mulher, em muitos tópicos da cultura ocidental, carrega o estigma de tentadora do homem, de modo que o mito de Adão e Eva é apenas uma das variações desse tema. Contemporâneo do pintor brasileiro, o poeta Cruz e Souza compôs estes versos, falando da mulher em seu soneto *Braços*:

Braços nervosos, brancas opulências,
brumais brancuras, fúlgidas brancuras,
alvuras castas, virginais alvuras,
lactescências das raras lactescências.

As fascinantes, mórbidas dormências
dos teus braços de letais flexuras,
produzem sensações de agres torturas,
dos desejos às mornas florescências.

Braços nervosos, tentadoras serpes
que prendem, tetanizam como os herpes,
dos delírios na trêmula coorte...

Pompa de carnes tépidas e flóreas,
braços de estranhas correções marmóreas
abertos para o Amor e para a Morte.

Neles, os braços femininos transformam-se em serpentes que, apesar de seduzirem para o amor, guardam também o perigo de conduzirem para a morte. O soneto de Cruz e Souza é apenas um dos muitos exemplos que se pode colher dessa visão disfórica do feminino. De causadora da Guerra de Troia à queda de Adão, a perfídia tem sido o nome da mulher para muitas culturas e épocas. No entanto, essa concepção da feminilidade é curiosa, pois nela a mulher representa tanto a vida, em seu erotismo, quanto a morte, quando se mostram suas traições.

No tema da sexualidade, portanto, os conteúdos eróticos que a moça castigada orienta podem ser lidos como representações da vida, reforçados, ainda, pela juventude pintada na personagem. Sua condenação pode ser lida, consequentemente, como uma representação da mortificação dessa vida. Há, então, a categoria semântica fundamental *vida vs. morte* no tema da sexualidade. No desenho, o que é pintado é a negação da vida e a afirmação da morte, respectivamente, representadas na moça amarrada e na plateia que a condena. De acordo com o quadrado semiótico, o que aparece no desenho, no seu plano de conteúdo, é o percurso não vida ⇒ morte.

O semissimbolismo na pintura

Orientando o sentido no plano do conteúdo, a categoria *vida vs. morte* também está relacionada com a categoria de expressão *luz vs. sombra*, de modo que, tal como acontece com a categoria de conteúdo *liberdade vs. opressão*, que orienta o tema do castigo, há a definição de mais uma relação semissimbólica na construção desse texto:

Resta verificar, em seguida, como o tema do castigo se encontra relacionado com o tema da sexualidade.

Os percursos temáticos e a sensibilização fórica

Em termos de conteúdo, a categoria *liberdade vs. opressão* encontra-se relacionada com a categoria *vida vs. morte*, de modo que os conteúdos que representam a liberdade também representam a vida, e os conteúdos que representam a opressão também representam a morte.

Aparentemente, seríamos levados a crer que há, no desenho, uma vitória dos conteúdos da opressão/morte sobre os conteúdos da liberdade/vida. No entanto, a disposição dos conteúdos eufóricos e disfóricos nesse texto coloca essa vitória em questão. Em semiótica, sobre a categoria semântica fundamental, há a projeção da categoria fórica *euforia vs. disforia*, que regula a projeção de valores de conteúdos positivos e negativos dados a cada termo da categoria semântica.

Como a categoria fórica está projetada nesse texto? O que é euforizado e o que é disforizado nele? Em um desenho de costumes, como é esse texto de Alvim Correia, o que se representa, além de uma descrição, é uma crítica, e o que esse tipo de crítica faz é mostrar o inverso do que o costume predica como correto. O desenho de um religioso olhando para uma adolescente, para Alvim Correia, é assim:

Quem deveria zelar pelo costume moral no caso desse desenho, pelo papel social conotado em sua personagem, é o religioso, no entanto, é em sua figura que se destaca a luxúria, que ele deveria evitar. Na crítica de costumes, o reprimido deve aparecer no repressor à revelia da repressão. O mesmo se dá no desenho da moça castigada.

O tratamento estético que Alvim Correia confere à moça amarrada é diferente daquele dado às condenadoras. Enquanto na moça há beleza e erotismo, nas moralistas que a condenam há feiura e transtorno, de modo que essa multidão possessa está para a condenada assim como o religioso do desenho está para a adolescente, alvo de sua luxúria. Portanto, o erotismo é euforizado, ao passo que sua repressão sofre uma disforia nesses desenhos de Alvim Correia.

Assim sendo, há as seguintes relações no plano do conteúdo do texto:

liberdade	vs.	opressão
vida	vs.	morte
euforia	vs.	disforia

Há no desenho, por isso, uma negação da euforia quando o castigo é aplicado na repressão de conteúdos eróticos. O castigo, ao ser aplicado, mostra aquilo que ele condena, e nessa denúncia ele termina por louvar, ainda que enviesadamente, aquilo que pretende evitar. Desse modo, condenar o erotismo é movimentar um círculo de condenações e louvores: se o erotismo vai ser condenado, ele deve ser mostrado, e é aí que ele encontra sua vitória.

A sagração da primavera

*Não se levanta nem precisa
levantar-se.
Está bem assim. O mundo que
enlouqueça,
o mundo que estertore em seu
redor.
Continua deitado
sob a racha da pedra da memória.*

Carlos Drummond de Andrade

As quatro estações do ano são temas frequentes na história das artes. Tarsila do Amaral (1886-1973) pintou a *Primavera*, em 1946, assim:

O tema da primavera está inserido no tema das quatro estações que, por sua vez, é uma variante do tema do eterno retorno e dos ciclos cósmicos. Vamos começar esta análise indagando qual é a história que ele conta.

O percurso temático das estações do ano

A primavera faz parte de um ciclo que se resolve em primavera ⇒ verão ⇒ outono ⇒ inverno ⇒ primavera, que se refere, por meio da relação entre os ciclos climáticos e os ciclos de reprodução vegetal, à vida e à morte nesse reino biológico. Portanto, a categoria semântica fundamental que organiza o sentido nesse tema é *vida vs. morte*. Tratando-se de um ciclo, cada etapa marcada com o nome de uma estação é um recorte feito sobre sua continuidade, cujos percursos podem ser descritos nas articulações do quadrado semiótico formado por essa categoria:

Os percursos do quadrado nos mostram dois caminhos: aquele formado pelo percurso vida ⇒ não vida ⇒ morte; e aquele formado pelo percurso morte ⇒ não morte ⇒ vida, que definem um ciclo. Dentro desse ciclo, a morte é afirmada no inverno, quando as folhas caem e a planta seca; a negação da morte dá-se com a primavera, quando as flores e as folhas voltam a nascer nos ramos secos; a afirmação da vida desponta no verão, quando os frutos amadurecem; e a vida é negada no outono, quando os frutos maduros caem e a planta volta a secar no inverno. Por isso, o ciclo de *vida vs. morte* formado pela categoria é, no tema das quatro estações, recortado assim:

Evidentemente, esse é um dos recortes possíveis, pois há culturas que dividem as estações do ano em números diferentes, além de projetar conotações distintas em relação ao que representa a vida e a morte. No entanto, o recorte descrito é o consagrado pelo uso na realização desse tema na cultura em que o quadro foi pintado e na qual ele está inserido. Portanto, a primavera nos conta, por meio de sua estação, a etapa do percurso cíclico entre a vida e a morte, que descreve a negação da morte em direção à afirmação da vida. Em termos semióticos, é a realização do termo não morte, inserido no percurso morte ⇒ não morte ⇒ vida.

No quadro de Tarsila do Amaral, as imagens pintadas são figuras que representam, em seu texto, como se dá essa negação da morte pela primavera. A representação dá-se por meio de duas personagens, um homem e uma mulher, cujas poses encontram-se em um beijo. Esse encontro, a conjunção entre as duas figuras, está justamente no beijo, pois fora dele elas se separam:

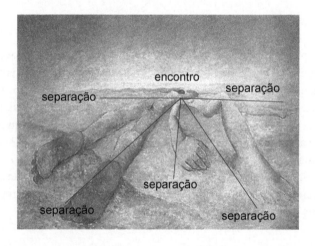

Qual é o sentido de um beijo, assim representado, em um quadro em que está pintada a primavera? Esse encontro entre um homem e uma mulher está de acordo com o ciclo de *vida vs. morte* contado pelas quatro estações. Ele representa, no reino animal, aquilo que a primavera representa no reino vegetal, já que esse é o tema que orienta o sentido das imagens pintadas no quadro. A reprodução vegetal é contada, então, em termos de sexualidade animal, o que conduz nossa atenção para esse outro tema desenvolvido no texto.

O percurso temático da sexualidade animal

Para a semiótica, a narratividade de um texto é descrita por meio das relações de junção que o sujeito contrai com seu objeto de valor: na conjunção, o sujeito está junto de seu objeto e, na disjunção, o sujeito está separado dele. Na tela, os amantes que se beijam sincretizam as funções de sujeito e objeto em suas figuras, já que um é o objeto para o sujeito do outro. Desse modo, sua conjunção mostra a realização de duas *performances*: a do homem em direção à mulher, e a dela em direção a ele.

O encontro, pintado no beijo, representa, na relação do tema da primavera com o tema da sexualidade animal, o encontro necessário entre o masculino e o feminino para a fecundação da vida animal. Esse encontro, dentro do ciclo das estações, realiza a negação da morte e aponta em direção à afirmação da vida, fruto ulterior do encontro. Realizando nesse texto o mesmo percurso da primavera sobre a categoria *vida vs. morte*, o beijo é também uma primavera.

Esse beijo, no entanto, é o final de um percurso, pois ele é o encontro que vem de ou se resolve em uma separação. Essa separação, assim como o encontro, é também representada pelas personagens pintadas no quadro. Fora do centro, que é o lugar da tela em que o beijo está pintado, os corpos vão se separando ou se unindo, dependendo da direção do olhar. Se o beijo é a conjunção, fora dele os corpos caminham para a disjunção. O processo juntivo também pode ser colocado em um quadrado semiótico, assim como as categorias semânticas fundamentais:

Desse modo, o processo narrativo permite que se faça duas afirmações. A primeira diz respeito a uma relação que se estabelece entre ele e a categoria semântica *vida vs. morte*. Se o tema da primavera nos faz determinar uma estação de negação da morte, o processo de conjunção dos corpos está de acordo com essa mesma negação, já que o beijo conjunto leva em direção à afirmação da vida. Assim, há uma relação, no plano do conteúdo desse texto, entre o termo vida da categoria semântica e o processo narrativo de conjunção, e entre o termo morte e o processo de disjunção. Nessa orientação de sentido, a primavera é pintada na não disjunção, correlato narrativo da semântica fundamental do termo não morte.

A segunda afirmação diz respeito ao sentido de leitura do quadro. Se o processo narrativo disjunção ⇒ não disjunção ⇒ conjunção, correlato do percurso semântico morte ⇒ não morte ⇒ vida, sugere uma leitura da periferia para o centro do quadro, quando se tematiza a primavera, não se deve desconsiderar que o outro sentido também está pintado na tela. Se o sentido convergente indica a primavera, o divergente indica o outono, tematizado no processo narrativo conjunção ⇒ não conjunção ⇒ disjunção, e no percurso semântico vida ⇒ não vida ⇒ morte. Assim, todo o ciclo é pintado, dinamicamente, no quadro.

A relação semissimbólica com a categoria topológica

A disposição das figuras do homem e da mulher permite que se determine uma categoria topológica, própria do plano da expressão, para sua colocação em discurso. Se há no quadro uma zona central de conjunção das linhas que formam as personagens e há uma zona periférica em que essas linhas se separam, pode-se descrever a expressão em termos da categoria topológica *marginal vs. central*. Do marginal para o central temos o sentido convergente e, do central para o marginal, o sentido divergente, o que também caracteriza um ciclo na forma da expressão:

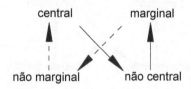

em que o traço pontilhado representa o sentido convergente e o traço contínuo, o sentido divergente.

Ora, se no plano do conteúdo a relação vida/conjunção é figurativizada no beijo, pintado no espaço central, e a relação morte/disjunção é figurativizada na separação do casal, pintado nos espaços marginais, há a construção de uma relação semissimbólica:

PC	categoria semântica:	vida	vs.	morte
	processo narrativo:	conjunção	vs.	disjunção
PE	categoria topológica:	central	vs.	marginal

Pode-se descrever, pelo menos, dois efeitos de sentido que o semissimbolismo *central/ vida vs. marginal/ morte* promove: um deles diz respeito à perspectiva que dá sentido à expressão desse quadro e de sua relação com a enunciação; e o outro, à concepção de tempo figurativizada no quadro.

A enunciação e a perspectiva

Na tela, a categoria de expressão *central vs. marginal* é responsável pela articulação, em seu espaço bidimensional, de uma perspectiva que, em seu efeito de sentido, extrapola essas duas dimensões. O núcleo central, que ocupa o mesmo espaço do beijo e é também o ponto de fuga, é o lugar da tela de onde partem as linhas que constroem sua perspectiva. Essa perspectiva continua fora do quadro, sugerindo, então, uma orientação de sentido não mais no espaço definido pela altura e a largura da tela, mas por um eixo que atravessa perpendicularmente seu plano. Nesse novo eixo, que "perfura" o quadro, está colocado o enunciatário perante o enunciado. De acordo com a perspectiva pintada na tela, o enunciatário está em um dos planos definidos pelo ponto de fuga, o que constrói um modo de participação no sentido que esse ponto determina:

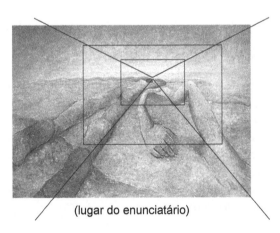
(lugar do enunciatário)

Esse espaço, nos limites da tela, é o lugar da morte que se transforma na vida e vice-versa, na representação desse ciclo. Devido às relações semissimbólicas determinadas no item anterior, no efeito de sentido dessa perspectiva a vida está no que se aproxima do ponto de fuga e a morte, no que se afasta dele, de modo que o afastamento nega a vida e a aproximação, a morte. O enunciatário, inserido como está pela perspectiva, também é convocado a participar do ciclo de *vida vs. morte* representado no quadro.

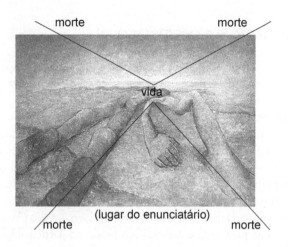

O semissimbolismo com a categoria topológica e a figurativização do tempo

O outro efeito de sentido diz respeito ao tratamento dado ao tempo. O tempo cíclico opõe-se ao tempo linear. Na formação da cultura ocidental, esses dois tempos convivem, embora o tempo linear seja dominante na marcação dos dias. Oriundo da cultura semítica, o tempo linear marca um início e um final para os tempos, por isso há a marcação de um ano zero. No entanto, há culturas que marcam o tempo em torno de um eterno retorno, de modo que, em vez de haver um princípio e um fim, há um ciclo alternado por estações.

No enunciado, o sujeito e o objeto narrativos transformam-se em atores do discurso, que atuam em um determinado lugar e durante um determinado tempo. No enunciado da *Primavera*, os atores são o homem e mulher, o espaço é o lugar em que eles se deitam, ao qual voltaremos mais adiante, e o tempo é uma das estações desse tempo cíclico.

Na tela, além do tema das estações referir-se a esse tempo cíclico, tanto a forma do conteúdo quanto a forma topológica da expressão, relacionadas semissimbolicamente, ratificam a construção dessa forma de tempo. Como foi deduzido, não é apenas a primavera que é pintada na tela, mas as quatro estações, figurativizadas pela pose das personagens. A sua disposição na tela, colocada de acordo com a categoria topológica *central vs. marginal* e seus percursos convergentes e divergentes, faz com que, devido a essa relação semissimbólica, haja a figurativização de um ciclo tanto na forma de conteúdo quanto na forma de expressão:

Assim, figurativizando esse tempo cíclico com uma forma semiótica que reproduz sua concepção em um procedimento que, por basear-se em uma semelhança, pode ser chamado metafórico, o plano do conteúdo traduz em conceitos e o plano da expressão, em plasticidade, aquilo que o tempo cíclico traduz em sua concepção de temporalidade.

A relação semissimbólica com a categoria cromática

Além da disposição topológica da expressão, a cor é um elemento de composição pertinente na construção do sentido de *Primavera*. Há na tela original duas cores predominantes: o azul e o salmão. Enquanto na parte superior do quadro há o domínio do azul, na inferior, o salmão domina mas está permeado de pontos da primeira cor. É possível determinar uma relação entre a ocupação do espaço e seu preenchimento cromático. O espaço em questão é orientado de acordo com a categoria topológica de expressão *superioridade vs. inferioridade*. Quanto às cores, azul e salmão opõem-se pela categoria cromática *cor fria vs. cor quente*, cuja articulação orienta o cromatismo na tela. No entanto, essa relação entre cor fria/superioridade e cor quente/inferioridade dá-se apenas entre categorias de expressão, o que não caracteriza um semissimbolismo. Há, porém, uma categoria de conteúdo que pode ser relacionada a elas.

O azul, ao coincidir com a parte superior da tela, colore o céu; e o salmão, na parte inferior, colore a terra. Céu e terra conotam, no discurso religioso, forças celestes de cunho masculino e terrestres de cunho feminino. Essa atribuição de sexualidade a princípios cósmicos é antiga na cultura ocidental; provavelmente, ela deriva de uma comparação da fecundação animal com o ciclo das chuvas e da germinação das plantas: assim como o homem fecunda a mulher com seu esperma, o céu fecunda a terra com sua chuva. Desse modo, o céu torna-se masculino e a terra, feminina. No entanto, a personagem masculina da tela está colorida de salmão, o que impede uma relação semissimbólica entre a categoria de conteúdo *masculino vs. feminino* e a categoria cromática *cor fria vs. cor quente*.

O céu masculino e a terra feminina, porém, podem estar em função de uma abstração mitológica maior, que separa um mundo de ordem física, próprio da materialidade, de um mundo metafísico, que lhe confere forma. Nessa abstração, tanto o homem quanto a mulher fazem parte do mundo material, enquanto seus princípios metafísicos pertencem a outra ordem, que pode ser chamada de espiritual. Desse ponto de vista, em suas materialidades, homem e mulher guardam relações simbólicas com essa metafísica, mas pertencem ao mundo material. Como o mundo metafísico organiza e dá forma ao mundo físico, há uma relação de atividade do primeiro sobre o segundo, que pode ser traduzida pela categoria semântica *ativo vs. passivo*, correlacionada com a categoria *espiritual vs. material*. Assim, embora o homem simbolize o princípio masculino e fecundador, ele pode ser colocado nos domínios da materialidade, tanto quanto sua companheira.

Ao que tudo indica, na tela *Primavera* tanto o homem quanto a mulher são figuras do mundo material, de modo que o céu e a terra representam a relação contrária entre mundo metafísico-ativo-espiritual e mundo físico-passivo-material. Nessa concepção mitológica, devido ao azul do céu e ao salmão da terra, há uma relação semissimbólica entre a categoria de conteúdo *espiritual vs. material* e a categoria cromática *cor fria vs. cor quente*, distribuída de acordo com a categoria topológica *superior vs. inferior*.

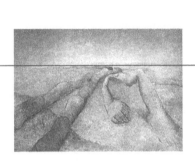

	PE:	cor fria/superioridade
	PC:	espiritual
	PE:	cor quente/inferioridade
	PC:	material

Desse modo, a relação entre *cor fria/ superioridade vs. cor quente/ inferioridade* e *espiritual vs. material* incide sobre a fecundação entre os princípios *ativo vs. passivo* que, miticamente, são convocados para representar as forças contrárias que organizam a natureza. Nessa mitificação, o princípio ativo fecunda o passivo. Se no quadro a cor azul do céu, vinda de cima, preenche o salmão da terra com seus pontilhados, e há um semissimbolismo entre espiritual-cor fria e material-cor quente, a distribuição cromática dos pontilhados azuis pode ser lida como um simbolismo do princípio espiritual-ativo fecundando e impregnando o princípio material-passivo, colorido de salmão. Desse modo, além do ciclo das estações, Tarsila do Amaral também pinta, em sua *Primavera*, os dois princípios míticos que mantêm esse ciclo de vida e morte em movimento.

A respeito da pose das personagens da tela, resta fazer uma observação. A posição do homem sobre a mulher o coloca de acordo com seu simbolismo ativo de fecundador, pois está na mesma relação topológica com sua companheira que o céu está em relação a terra. Contudo, deitado como está sobre o chão, ele parece tão passivo quanto a mulher que está a seu lado. Essa passividade partilhada, contrariamente, o coloca de acordo com os conteúdos do fecundado passivo, ou seja, manifesta, junto com a cor, sua pertinência ao mundo físico material.

O semissimbolismo com a categoria cromática e a figurativização do espaço

Se o semissimbolismo entre a categoria topológica *central vs. marginal* metaforiza o tempo cíclico, figurativizado na tela, a relação entre a categoria cromática *cor fria vs. cor quente* metaforiza a figurativização do espaço.

O lugar em que o casal se deita não é um lugar indeterminado: localiza-se entre o céu e a terra e, consequentemente, entre as conotações que essas duas figuras assumem no texto do quadro. Como foi determinado no item anterior, céu e terra figurativizam o processo mítico em que a articulação dos princípios espiritual e material gera e organiza o cosmo, portanto, o lugar em que o casal se deita é também o lugar mítico dessa cosmogonia. Como essa cosmogonia é resolvida em termos da sobreposição de um princípio ativo sobre um passivo, ela estabelece também uma hierarquia, na qual o princípio ativo é superior ao passivo. Essa relação *superior vs. inferior*, porém, é própria do conteúdo dessas correlações, ela não se confunde com a categoria topológica *superior vs. inferior* do plano de expressão do quadro. No entanto, quando se figurativiza o que é considerado superior na parte superior da tela e o que é considerado inferior, na parte inferior, correlacionando a categoria semântica *superior vs. inferior* com a categoria topológica *superior vs. inferior*, constrói-se, por semelhança, uma metaforização do modo de funcionar desse espaço mítico. Como a cor está distribuída de acordo com essa categoria topológica, ela também participa dessa metaforização. Além do mais, por preencher o salmão com pontos azuis, ela também metaforiza, cromaticamente, a formação passiva do mundo material pelo princípio espiritual ativo.

O estatuto poético

Em todas as relações entre categorias examinadas nesta análise, seja no plano do conteúdo, seja no plano da expressão, sejam semissimbólicas, a construção do texto do quadro é feita de modo a complexificá-las. Isso quer dizer que, em todas elas, há a projeção do eixo paradigmático que as forma no eixo sintagmático que as coloca em discurso, ou seja, todas elas estão em função poética. Esse predomínio da poeticidade em um texto pode transformá-lo, facilmente, em um símbolo. Com tantas relações poéticas, a arbitrariedade entre expressão e conteúdo fica cada vez mais tênue, e a presença de muitas relações semissimbólicas faz o semissimbolismo parecer um simbolismo, em que a relação entre expressão e conteúdo deixa de ser arbitrária.

Assim, a *Primavera*, de Tarsila do Amaral, pode ser lida como um símbolo semelhante a um símbolo religioso. Nele, o cromatismo simboliza os princípios formadores do cosmo, ou seja, o ser; e a topologia *central vs. marginal* simboliza o tempo de sua realização, ou seja, o devir. Nesse eterno retorno, entre o ser e o devir, a primavera tem sua sagração: ela é sagrada porque faz parte desse tempo cíclico que não acaba nunca.

O semissimbolismo
na história em quadrinhos

Marcatti ao ataque

arte   *longa*   *vida*   *breve*
escravo   *se*   *não*   *escreve*
escreve   *só*   *não*   *descreve*
grita   *grifa*   *grafa*   *grava*
uma   *única*   *palavra*
greve

Augusto de Campos

Nos capítulos anteriores, o plano de expressão dos objetos estudados é limitado por uma moldura, o que define apenas um quadro que se apresenta à análise. Nas histórias em quadrinhos é diferente, há mais de um deles na composição do texto, o que não significa que se deve analisar cada um separadamente. Na análise do plano de expressão das histórias em quadrinhos o que se pretende determinar são os processos que organizam a composição plástica do texto que, ao contrário de incidirem sobre um único quadrinho, incidem sobre a totalidade da história. Com essa propriedade, esses processos garantem a coesão plástica entre os quadrinhos ao longo de sua leitura.

Neste capítulo vamos mostrar como esses processos são determinados e como eles podem ser utilizados para a construção de relações semissimbólicas com o plano de conteúdo. No capítulo seguinte, procuramos avançar no conceito de semissimbolismo por meio de algumas considerações sobre o ritmo e a narratividade.

A revista em quadrinhos *Porrada*, número 5, tem como tema a greve. Entre seus textos, encontra-se *Strike*, de Marcatti:

O semissimbolismo na história em quadrinhos

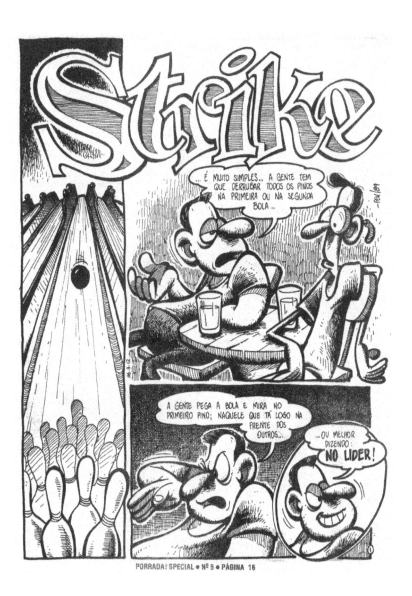

Semiótica visual • Os percursos do olhar

O plano de conteúdo e a tematização da greve

Francisco de Assis Marcatti é, certamente, um dos autores de histórias em quadrinhos mais talentosos do Brasil. Dono dos próprios meios de produção, Marcatti mantém uma independência conveniente para qualquer artista criativo. Crítico mordaz dos costumes, em seus quadrinhos aparecem personagens como Gervásio, um homem que se enamora de sua hemorroida na história *O melhor amigo do homem*, ou como Renato Mão Peluda, que vai a um programa de televisão falar sobre masturbação e é atacado por uma terrorista feminista. No texto apresentado, ele tematiza a greve.

Tratado sob o ponto de vista da resistência à repressão de sua livre manifestação, esse tema realiza a categoria semântica fundamental *opressão vs. liberdade*. Essa categoria compreende dois percursos possíveis: o que parte da opressão, nega-a e afirma a liberdade; e outro, contrário, que parte de liberdade, nega-a e afirma a opressão. Respectivamente, eles podem ser representados assim: opressão ⇒ não opressão ⇒ liberdade e liberdade ⇒ não liberdade ⇒ opressão.

A história realiza o percurso *opressão ⇒ não opressão ⇒ liberdade*. Dos onze quadrinhos que a compõem, nos dez primeiros afirma-se a opressão nas falas e nas atitudes do policial e no último, quando os pinos destroem a bola, a opressão é negada para que se afirme o conteúdo da liberdade. Em princípio, os atores que representam esse percurso no discurso são o policial, que figurativiza a opressão, e os grevistas, que figurativizam a liberdade. No entanto, nos três últimos quadrinhos, mostra-se um processo metafórico que instaura outras representações figurativas no texto:

O confronto da polícia com os grevistas é metaforizado no jogo de boliche, de modo que a força policial é representada pela bola e os grevistas são representados pelos pinos. Assim, os comentários do policial sobre o jogo passam a designar, também, táticas policias de ataque. Modificando o conteúdo do texto, essa metáfora permite a instauração de novas possibilidades de leitura.

O plano de expressão e a relação semissimbólica

Metaforicamente, a bola representa a polícia e os pinos representam os grevistas. Em nível de semântica fundamental, bola e pinos realizam, respectivamente, os termos da categoria de conteúdo *opressão vs. liberdade*. Por sua vez, no plano da expressão, a bola e os pinos são desenhados em padrões de orientação geométrica diferentes. A bola é circular enquanto os pinos são retilíneos, de modo que se estabelece uma categoria de expressão *circular vs. retilíneo* na formação dessas figuras.

Há, portanto, um semissimbolismo entre a categoria *opressão vs. liberdade*, do plano do conteúdo, e a categoria *circular vs. retilíneo*, do plano da expressão:

PC	opressão vs. liberdade
PE	circular vs. retilíneo

Deve-se resolver, em seguida, duas questões: determinar como o semissimbolismo orienta o sentido do texto a partir dos três últimos quadrinhos, estabelecendo uma coerência semissimbólica e, consequentemente, uma coerência plástica; e determinar como analisar o componente verbal do texto dentro desse semissimbolismo.

Coerência semissimbólica e coerência plástica

O semissimbolismo entre circular/opressão e retilíneo/liberdade não se restringe apenas aos três últimos quadrinhos, utilizados para deduzi-lo, mas estende-se ao longo do texto e garante sua coerência por realizar os quadrinhos a partir de uma forma semiótica comum. Como a relação semissimbólica compreende os dois planos da linguagem, se uma categoria de conteúdo estabelece uma coerência semântica, uma categoria de expressão, como *circular vs. retilíneo*, estabelece uma coerência plástica.

Em *Strike*, a relação opressão-circularidade não se restringe apenas ao desenho da bola, ela orienta também o desenho da personagem do tenente Miranda:

Do mesmo, modo o primeiro quadrinho, que em princípio figurativiza apenas um jogo de boliche, passa a ser lido com o semissimbolismo instaurado pelos três últimos:

A história conta, entretanto, com outra personagem: o interlocutor do tenente Miranda.

Para descrevê-la dentro do mesmo semissimbolismo que as demais personagens, deve-se recorrer aos termos do quadrado semiótico. Um quadrado semiótico pode ser representado, genericamente, como a articulação de uma categoria *s1 vs. s2*:

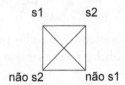

Nessa articulação, a simultaneidade de *s1* e *s2* gera um termo complexo; e de não s1 e não s2, um termo neutro. O interlocutor do tenente Miranda permanece em silêncio durante toda a história. Dele, não se sabe se concorda ou não com as afirmações do tenente, de modo que ele não realiza nem a opressão e nem a liberdade, realizando, assim, o termo neutro da categoria de conteúdo. No plano de expressão, essa personagem não é traçada nem por círculos e nem por retas, realizando, também, o termo neutro da categoria *circular vs. retilíneo*. Portanto, a rede de relações entre o semissimbolismo e a figurativização das personagens é esta:

O componente verbal

Quanto aos elementos verbais, eles estão articulados de acordo com a fala e o silêncio. Enquanto o tenente fala o tempo todo, os pinos agem em silêncio, reiterando o tema da falação contrária à ação. Expresso no dito popular "cachorro que late não morde", encontramos o tema dos que falam *versus* os que agem em outros domínios da cultura ocidental: em Homero, Aquiles é o que age, contrário a Páris, aquele que fala; em Dom Quixote, de Miguel de Cervantes, há também o homem das letras contrário ao homem das armas, expressos no Cavaleiro Andante, respectivamente, antes e depois dele ser armado.

Esse tema está inserido nas estratégias semissimbólicas do texto de Marcatti. Nele, a fala está em função da opressão e o silêncio, em função da liberdade. Ainda aqui, o interlocutor do tenente Miranda encontra uma descrição adequada. Seu assobio não é nem fala e nem silêncio:

Desse modo, há uma articulação entre os elementos verbais e os não verbais, que também está de acordo com a relação semissimbólica determinada: silêncio, forma retilínea e conteúdo liberdade para os pinos; falação, forma circular e conteúdo opressão para o tenente Miranda; e o termo neutro dessas relações para seu interlocutor.

Conclusão

Por fim, o título *Strike* deve ser lido tanto em seu sentido "resultado do jogo de boliche" quanto em seu sentido "greve", em inglês. Contudo, não se realiza assim apenas uma metáfora, mas também uma ironia. Em sua fala, o tenente Miranda afirma uma infalível estratégia de jogo de boliche e repressão policial, enquanto as cenas dos quadrinhos finais a negam por completo. Destruindo a bola inesperadamente, os pinos negam a opressão no plano do conteúdo e negam a circularidade no plano da expressão. Desse modo, metafórica e semissimbolicamente, eles também destróem o tenente e o discurso que ele enuncia, mostrando que a estratégia infalível falhou e ironizando seu percurso na construção do texto.

O semissimbolismo, a metáfora e a ironia colocam o ataque de Marcatti ao lado dos ataques da estética do realismo socialista. Analisando o corpo e o sentido, J. L. Fiorin comenta que:

> é muito comum que, na iconografia do realismo socialista, os corpos dos capitalistas sejam gordos, enquanto os dos comunistas sejam esbeltos. Trata-se de opor os porcos capitalistas, que se locupletam com a exploração do trabalho alheio, aos homens que governam sua vida por uma certa ascese revolucionária. (ASSIS SILVA, 1996: 85)

Os pinos e a bola/tenente Miranda estão de acordo com esse critério do gordo contrário ao esbelto. Além do mais, ao lado do porco capitalista, a expressão "porco fardado" é comumente usada para se referir a policiais corruptos e truculentos.

Por fim, o materialismo histórico, que orienta ideologicamente o realismo socialista, não é teorizado por leis naturais e universais, mas mediante processos históricos. Nessa perspectiva, o homem, o sujeito histórico, pode mudar a história pela intervenção no processo. É isso que a ironia de Marcatti ensina: ela mostra que as leis físicas que regem o jogo de boliche, próprias da natureza, podem ser mudadas pela intervenção dos pinos/grevistas, contando em sua história uma ficção em que uma lei natural é contrariada por meio da vontade humana. Para isso basta que, de objetos, os pinos figurativizem um sujeito coletivo que, como no poema de Augusto de Campos, grifa, grafa e grava uma única palavra: greve.

Através do ritmo

Era a estrangulação, sem retumbância,
Da multimilenária dissonância
Que as harmonias siderais invade.
Era, numa alta aclamação, sem gritos,
O regresso dos átomos aflitos
Ao descanso perpétuo da Unidade!

Augusto dos Anjos

Nos capítulos anteriores, a determinação das relações semissimbólicas e seus efeitos de sentido orientam as demais conclusões. Em todas as análises, categorias semânticas são relacionadas com categorias plásticas. No que diz respeito às categorias semânticas, determiná-las faz parte da aplicação do modelo do percurso gerativo do sentido na análise de textos. Localizada no plano do conteúdo, a categoria semântica ocupa uma posição definida no nível fundamental, mas também é determinada em relação aos níveis narrativo e discursivo do percurso gerativo. Já as categorias plásticas, definidas no plano da expressão, não gozam do mesmo estatuto. Nas relações semissimbólicas, elas são determinadas a partir das relações estabelecidas com o plano do conteúdo.

No atual estado da teoria semiótica, não há um percurso gerativo do plano da expressão, só do conteúdo. O estudo da expressão é introduzido na semiótica a partir da teoria dos sistemas semissimbólicos, e a determinação de categorias plásticas faz parte desse projeto. Cabe indagar, partindo do princípio da isomorfia entre os dois planos da linguagem, proposto por L. Hjelmslev, se as categorias plásticas não podem ser definidas no nível fundamental do modelo do percurso gerativo, aplicado na geração da expressão.

No primeiro capítulo, em que se analisa um nu de Paulo Mancini, é possível determinar uma enunciação própria do plano da expressão, articulada pela mesma categoria formal *aproximação vs. afastamento*, que regula a enunciação no plano do conteúdo. Ora, se há enunciação, é possível pensar em um nível discursivo do plano da expressão. Neste capítulo, por meio do conceito de ritmo, procura-se mostrar a possibilidade da definição de um nível narrativo na expressão, e completar a proposta da aplicação do modelo do percurso gerativo também nesse plano.

O texto escolhido é a história em quadrinhos *Umbigo*, de Roko, publicada na revista *Porrada*, número 10:

O semissimbolismo na história em quadrinhos

105

A noção de ritmo

A arbitrariedade do signo linguístico é uma constatação das ciências da linguagem. No entanto, em sua dimensão poética, as propriedades fonológicas dos significantes são, a qualquer momento, aproveitadas para gerar efeitos de sentido capazes de relacionar expressão e conteúdo. Por meio dessa relação, significante e significado, em termos poéticos, parecem motivados. Ritmo é uma dessas palavras com as quais, em uma brincadeira poética, pode-se sugerir uma motivação desse tipo.

Ritmo é uma palavra polissêmica. Entre os músicos, adquire, pelo menos, dois significados: pode ser o andamento da música ou a definição de um gênero musical por meio de uma divisão regular de acentuação. No primeiro caso, diz respeito à velocidade com a qual se executa uma peça musical, daí a nomenclatura *adagio*, *andante* e *allegro*. No segundo, é usado para estabelecer uma tipologia de modos de condução musical em termos de marcação regular de tempos fortes e fracos, daí a nomenclatura ritmo de samba, de baião, de maracatu, de rock, de jazz etc.

No entanto, uma batida musical é sempre executada em uma levada, que, por sua vez, sempre é tocada em um andamento qualquer. Assim, seja um modo de acentuação, seja uma velocidade, o ritmo é uma forma de condução musical que se dá por meio de uma relação formal entre acentos tônicos e átonos. Como em seu significante, em que a vibração do /r/ velar é interrompida na oclusão do /t/, para transformar-se na sonoridade e na nasalidade do /m/, o ritmo é uma forma de atacar, com energia, uma extensão sonora.

O conceito de ritmo

Como operar, em semiótica, com o conceito de ritmo? Antes de tudo, deve-se procurar uma definição precisa, que, embora possa compreender os demais usos da palavra, não se confunda com nenhum deles. Partindo das considerações sobre como os músicos compreendem ritmo, vamos examinar seus sentidos.

O ritmo como andamento não se confunde com o ritmo como nome de uma batida. Um ritmo de samba, por exemplo, pode ser executado em diversos andamentos. No entanto, as duas definições podem ser aproximadas. Em um sistema semiótico cujo plano de expressão é uma forma que se realiza como uma duração, ou seja, durante um tempo, como é o caso dos sistemas semióticos verbal e musical, é na extensão desse tempo que o ritmo interfere com uma marcação. Uma batida qualquer, com sua forma de acentuação, tem seu andamento modificado quando é repetida por mais vezes durante o mesmo intervalo de tempo. Assim, batida e andamento podem ser definidos a partir de uma relação entre acentos tônicos e átonos. Desse modo, ritmo é definido não em termos de gênero musical e velocidade de execução, mas em termos de tonicidade.

Com essa definição tônica de ritmo resolve-se uma outra questão que diz respeito ao conceito. Uma música pode, embora executada na mesma batida e em um mesmo andamento, sofrer alterações em seu ritmo. Dependendo de como o suporte rítmico da batida e seu andamento são recortados em outras subdivisões tônicas, há o efeito de sentido de aceleração e de desaceleração do ritmo em uma mesma batida e em um mesmo andamento. A canção *Garota de Ipanema*, de Tom Jobim e Vinícius de Moraes, é um bom exemplo desse tipo de efeito. Executada no ritmo de bossa nova e, geralmente, em *andante*, há um contraste rítmico entre a primeira e a segunda partes da canção. A primeira parte, em que se descreve o desfile da garota em Ipanema, é mais acelerada que a segunda, em que se descreve o estado passional do enunciador-enunciado que diz: "Ah! Por que sou tão sozinho? / Ah! Por que tudo é tão triste?". Na primeira parte, há mais acentos tônicos que na segunda, o que a faz mais rítmica que melódica. Já a segunda parte, menos subdividida, é mais melódica que rítmica. Assim, da primeira para a segunda partes, o que muda não é a batida ou o andamento, mas a forma de subdividi-los. Na primeira parte há mais acentos tônicos que na segunda, de modo que, no desenrolar da canção, há uma desaceleração da primeira para a segunda parte e uma aceleração da segunda para a primeira. Desse modo, definir ritmo em termos de tonicidade, além de explicar os efeitos de batida e andamento, também explica os efeitos de sentido que resultam em aceleração e desaceleração.

Se nos sistemas semióticos verbal e musical essa tonicidade diz respeito à modulação de uma duração, como aplicá-la aos sistemas semióticos plásticos? E ainda, como essa tonicidade, aplicada ao plano de expressão, pode ser aplicada ao plano de conteúdo? Vamos, em seguida, buscar algumas respostas para isso.

Ritmo e expressão plástica

Se há um ritmo acelerado e outro desacelerado em uma música, pode-se falar em uma pintura acelerada e em outra desacelerada? Vamos, a partir de duas telas de Mondrian, a *Composição com traços cinzentos* e a *Composição com dois traços*, examinar essa possibilidade:

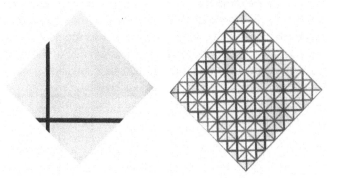

Concebida a duração musical na forma de uma curva melódica contínua, o ritmo pode ser expresso como marcações tônicas sobre essa curva. Essa continuidade, por sua vez, pode ser entendida como uma extensão sobre a qual as acentuações tônicas são aplicadas. No entanto, como estamos trabalhando com relações, aplicar acentuações quer dizer aplicar a categoria da tonicidade *tônico vs. átono*, pois é ela que estabelece a forma na qual os acentos podem ser sentidos em relação a essa extensão. Assim, quanto mais acentos tônicos, mais marcações, portanto, mais ritmo, o que deixa para a melodia pouca duração durante aquele ritmo. Contrariamente, quanto menos ritmo, mais duração melódica.

Se a extensão com suas marcações tônicas é da ordem do tempo, sua realização é uma duração; no entanto, se é da ordem do espaço, ela é uma localização. Ora, aplicando a categoria da tonicidade em um espaço bidimensional, como uma tela, quanto mais marcações na extensão da tela, mais ritmo. Contrariamente, quanto menos ritmo, mais "melodia". Desse modo, a tela *Composição com traços cinzentos* tem mais ritmo que a *Composição com dois traços* que, de acordo com essas considerações, é mais "melódica". Colocadas lado a lado, nota-se uma desaceleração do modo de compor da *Composição com traços cinzentos* para a *Composição com dois traços* e, contrariamente, uma aceleração desta para aquela. Assim, *Composição com traços cinzentos* é uma tela acelerada e *Composição com dois traços*, desacelerada.

Ritmo e plano de conteúdo

Encaminhadas as questões de expressão, o que se pretende agora é enfocar o plano de conteúdo. Para isso consideramos, pelo menos, três orientações: verificar o que é equivalente à extensão sobre a qual são aplicadas as marcações de conteúdo; verificar em que nível do percurso gerativo do sentido a categoria da tonicidade é aplicada para gerar os efeitos de sentido de aceleração e de desaceleração; e verificar como a tonicidade regula o ritmo do conteúdo para gerar conteúdos acelerados e conteúdos desacelerados.

Até agora, tratamos do plano de expressão, seja ele verbal, musical ou plástico. Ao cuidar do plano de conteúdo, deve-se escolher um tipo de texto em que os efeitos de sentido da expressão não interfiram nos do conteúdo. Acreditamos que o romance, por simular uma prosa, seja próprio para isso. Concordamos com L. Tatit quando, ao comentar as diferenças entre o plano de expressão da prosa e o da poesia, afirma que:

> Diferentemente da poesia, entretanto, a prosa dispensa a elaboração fonética em nome de uma estruturação fonológica cuja eficácia está justamente em permitir ao leitor, ou ao ouvinte, a imediata transposição do plano da expressão ao plano do conteúdo. (FIORIN, 2002; 206)

Os romances escolhidos são *As minas de prata* (ALENCAR, 1938), de José de Alencar, e *Angústia* (RAMOS, 1981), de Graciliano Ramos. No primeiro, contam-se as aventuras de Estácio Dias, filho de Robério Dias, em busca do mapa das lendárias minas de prata. Alencar aproveita-se desse fato da história do Brasil e imagina o filho de Robério Dias buscando limpar o nome do pai, tido como um embusteiro no que diz respeito a seu mapa e suas minas, que nunca foram encontradas. O romance é a continuação de *O Guarani*, pois esse mapa é o mesmo que o vilão Loredano guardava com tanto cuidado.

Entre outras personagens e enredos que se cruzam o tempo todo, *As minas de prata* são pontuadas por muitos programas narrativos de uso em função do programa de base, que envolve o objeto de valor figurativizado pelo mapa. Basicamente, é um romance construído em torno do fazer, de modo que sujeitos e antissujeitos, em polêmicas constantes, fazem circular objetos modais e objetos de valor com bastante intensidade. Trata-se de um romance de ação, o que faz com que *As minas de prata* possa ser chamada de uma história "agitada".

Já no outro romance, *Angústia*, dá-se o contrário. Como o próprio título sugere, ao longo de seu texto é figurativizada a paixão da angústia. Luiz da Silva entra nesse estado passional ao ser abandonado por Marina, que o troca por Julião Tavares. Com poucas personagens e com uma trama que é construída em torno das desilusões de Luiz da Silva, há apenas um programa de base estacionado na não conjunção entre um sujeito e seu objeto de valor. Com poucas ações, esse romance insiste não no fazer, mas no ser e em seu estado patêmico. Isso faz de *Angústia* uma história morosa, lenta, não porque seja longa, mas porque nela poucas coisas acontecem.

Colocados lado a lado, os romances citados comportam-se como as telas de Mondrian, *As minas de prata* é um romance acelerado e *Angústia*, desacelerado. Essa comparação indica como dar continuidade às três orientações apresentadas.

Observar que em *As minas de prata* há mais ação que em *Angústia* não quer dizer que não há conteúdos passionais em sua história. Não quer dizer também que, em *Angústia*, nada aconteça, devido a essa paixão. De fato, tudo que Estácio Dias faz, o faz por sua honra e pela honra de sua família, movido, portanto, por paixões da ordem do dever. Seu antissujeito, o padre Molina, é movido por sua vaidade e por sua ambição, portanto, por paixões da ordem do querer. Por sua vez, Luiz da Silva é levado a assassinar, pelos desdobramentos de sua paixão, seu antissujeito Julião Tavares.

Assim, pode-se considerar a paixão como a extensão sobre a qual as ações são pontuadas, como a melodia e seu ritmo e o espaço da tela e seus pontos. Desse modo, a tonicidade, com seus acentos tônicos, marca ações que deixam entrever as paixões que as motivam.

Se a tonicidade é observada em termos de ação e paixão, sua aplicação é feita no nível narrativo do percurso gerativo do sentido, o que responde a mais uma de nossas questões. Quanto a seus efeitos de sentido, decorre que quanto mais ação, ou seja, quanto mais programas narrativos de uso subordinados ao programa da base, mais aceleração, ou seja, mais ritmo. Contrariamente, quanto menos programas de uso, menos aceleração, portanto, mais propensão para manifestações passionais.

Semissimbolismo e ritmo

Sem dúvida, *Petites mythologies de l'oeil et de l'esprit, pour une sémiotique plastique*, de J. M. Floch (FLOCH: 1985), é o estudo mais digno de nota sobre semissimbolismo. Em seus seis capítulos, Floch mostra categorias semânticas, como *vida vs. morte* e *natureza vs. cultura*, sendo homologadas com categorias plásticas, como *englobante vs. englobado*, *alto vs. baixo* e *claro vs. escuro*, por exemplo.

Desse ponto de vista, pode-se afirmar que, em termos de percurso gerativo do sentido, esses semissimbolismos são determinados em nível fundamental, seja no plano do conteúdo, seja no plano da expressão. Assim, se há um nível fundamental na geração da expressão, nada impede que se possa definir um nível narrativo também nesse plano.

Neste trabalho, ao examinar o plano do conteúdo verificam-se efeitos rítmicos no nível narrativo. Antes, porém, de examinar o ritmo no conteúdo, examina-se o ritmo em planos de expressão musical e plástico; contudo, não se define em que nível de geração da expressão isso é feito. Se as aplicações do semissimbolismo autorizam definir um nível fundamental no plano de expressão, as considerações sobre o ritmo sugerem que se possa definir um nível narrativo também nesse plano, em que a narratividade e seu ritmo de realização podem ser definidos.

Desse modo, além de relações semissimbólicas entre categorias fundamentais, surge a possibilidade de verificar-se um semissimbolismo entre narratividades e seus ritmos. Há, pelo menos, duas possibilidades de realização desse semissimbolismo narrativo: ou expressão e conteúdo têm o mesmo ritmo, ou têm ritmos contrários.

O semissimbolismo no nível fundamental

Vamos verificar, em seguida, a validade dessas propostas em uma aplicação e retornar ao texto da história em quadrinhos. Nesta, há um total de quinze quadrinhos, em que é contada a história de uma moça em busca do objeto de valor "solidão", figurativizado pela privacidade de seu lar e pelos seus retratos. Como se trata da história de uma personagem que da rua dirige-se para casa, é possível descrever o percurso orientado pela categoria de conteúdo *público vs. privado*. Em *Umbigo*, nos dez primeiros quadrinhos afirma-se o termo público, nos quatro seguintes ele é negado e, no último quadrinho, afirma-se o termo privado. O percurso público ⇒ não público ⇒ privado, portanto, fundamenta o sentido dos quinze quadrinhos da história. Sobre esse percurso, porém, outras categorias de conteúdo são articuladas ao longo do texto.

Nos dez primeiros quadrinhos, em que se afirma o termo público, é contado o percurso da personagem, destacada entre diversos transeuntes. Em todos esses quadrinhos, embora o espaço mude e o tempo passe, não há modificação na relação dessa personagem com os demais pedestres. Ela é a mesma pessoa, destacada por uma diferença de textura que cobre seu casaco. Enquanto tudo que a cerca é desenhado por linhas e o contraste é feito por preenchimentos de preto ou branco, seu casaco é preenchido por pontos, o que lhe confere uma tonalidade cinzenta. Além disso, ela sempre está desenhada, em cada um desses dez quadrinhos, cercada por massas de pessoas diferentes.

Analisando as categorias de expressão responsáveis pela distribuição dos elementos plásticos em um plano bidimensional, como é o caso da fotografia, da pintura e dos desenhos das histórias em quadrinhos, J. M. Floch (FLOCH, 1985: 30) propõe que relações lineares se oponham a relações planares. As relações lineares dão conta da colocação dos elementos plásticos em sequências lineares de espaços colocadas lado a lado, ao passo que, contrariamente, as relações planares dão conta da colocação desses elementos uns em torno dos outros. Desse modo, as relações lineares são formadas pela categoria *intercalado vs. intercalante* e as relações planares, pela categoria *circundado vs. circundante*.

A categoria planar *circundado vs. circundante* pode ser aplicada parcial ou totalmente. Quando aplicada parcialmente, o circundado não é totalmente fechado pelo circundante, portanto, ela se realiza como *cercado vs. cercante*.

Quando aplicada totalmente, o circundado pode estar fechado concentricamente ou não pelo circundante. Se é concêntrico, a categoria realizada é *central vs. marginal*, se não é concêntrico, a categoria realizada é *englobado vs. englobante*.

Em todos os dez primeiros quadrinhos da história de Roko a personagem em destaque ou é intercalada, quando a distribuição é linear, ou é circundada, quando a distribuição é planar:

• distribuição linear
(intercalado vs. intercalante)

• distribuição planar
(circundado vs. circundante)

central vs. marginal

englobado vs. englobante

cercado vs. cercante

Pode-se determinar, assim, relações semissimbólicas entre expressão e conteúdo. No plano do conteúdo a categoria semântica fundamental é *identidade vs. alteridade*, de modo que a personagem em destaque figurativiza a identidade e a multidão a seu redor, a alteridade. No plano da expressão há pertinência do traço e da disposição das imagens. Quanto ao traço, há o pontilhado no casaco e a linha nas demais figuras, o que determina uma categoria eidética *ponto vs. linha*. Quanto à disposição das imagens, que regulam a colocação da personagem principal em relação aos demais transeuntes, há a categoria *intercalado vs. intercalante*, quando a relação é linear, e há a categoria *circundado vs. circundante*, quando a relação é planar. O semissimbolismo, portanto, fica assim:

PC		identidade	vs.	alteridade
PE	traço:	ponto	vs.	linha
	relação linear:	intercalado	vs.	intercalante
	relação planar:	circundado	vs.	circundante

No entanto, do décimo primeiro ao décimo quarto quadrinho, quando o termo público é negado, há uma mudança no ponto de vista do conteúdo manifestado no texto e das relações semissimbólicas construídas até então.

Durante a história, enquanto a personagem principal está na rua, a identidade é afirmada nela ao mesmo tempo em que há a afirmação da alteridade nos outros pedestres. Afirma-se, portanto, o termo complexo *identidade vs. alteridade* nos dez primeiros quadrinhos. Contudo, nos quadrinhos de 11 a 14, nega-se a categoria *identidade vs. alteridade* que, no quadrinho 15, quando é afirmado o termo privado, é substituída por outra. Cercada por seus retratos, o conteúdo não é mais tratado em termos do mesmo e do outro, mas em termos do todo e de suas partes. Isso quer dizer que a categoria semântica *identidade vs. alteridade* é substituída pela categoria semântica *totalidade vs. parcialidade*. No décimo quinto e último quadrinho da história a personagem principal está rodeada de imagens dela mesma. São treze quadros no total: dez enquadramentos de seu rosto e do ombro esquerdo, um de seu rosto, um de sua boca e um de seus olhos. Ela, sentada em sua poltrona, figurativiza a totalidade e seus quadros, que a cercam, figurativizam a parcialidade. Em termos de expressão, a categoria de traço *ponto vs. linha* deixa de ser pertinente e a relação planar *circundado vs. circundante* é mantida em seu modo *cercado vs. cercante*. Assim, uma outra relação semissimbólica é construída:

PC	totalidade vs. parcialidade
PE	circundado vs. circundante (cercado vs. cercante)

Essa mudança de ponto de vista nos leva a examinar como o tratamento do conteúdo pode ser modificado por meio das figuras de linguagem usadas em sua solução. Quando ele é resolvido em termos de *identidade vs. alteridade*, produz-se uma antítese e, quando é resolvido em termos de *totalidade vs. parcialidade*, uma metonímia. Voltaremos a essas figuras de linguagem mais adiante.

Relacionando as três categorias de conteúdo *público vs. privado*, *identidade vs. alteridade*, *totalidade vs. parcialidade* e seus respectivos arranjos semissimbólicos nos quinze quadrinhos que compõem o texto, obtemos o seguinte esquema para suas relações de sentido:

quadrinhos		
(1-10)	(11-14)	(15)
PC: público ———▶	não público ——▶	privado
(PC: identidade vs. alteridade)		(PC: totalidade vs. parcialidade)
(PE: ponto vs. linha		(PE: cercado vs. cercante)
intercalado vs. intercalante		
circundado vs. circundante)		

Essas correlações semissimbólicas, no entanto, são determinadas no nível fundamental do percurso gerativo do sentido, tanto no plano da expressão quanto no plano do conteúdo. Assim, essas homologações dizem respeito a esse patamar do percurso gerativo. Conforme a proposta do item anterior, acredita-se que, já que é possível homologar categorias de expressão e conteúdo em nível fundamental, deve ser possível verificar relações também entre narratividades nesses dois planos, em nível narrativo. Desse modo, à luz das explanações feitas sobre o conceito de ritmo, vamos verificar essa possibilidade.

O ritmo e sua colocação em discurso

No plano do conteúdo, propõe-se que o ritmo é realizado em termos de uma continuidade passional, pontuada por acentos tônicos, manifestados nos fazeres orientados por essa paixão. Qual a paixão da protagonista dos quadrinhos? O desejo da solidão configura uma paixão da ordem do querer. Desejar é querer-ser, no entanto, deve-se considerar também o objeto de desejo na determinação de uma configuração passional. Querer estar só, tal como ocorre nos quadrinhos, parece-se com um tipo de avareza em que o sujeito estabelece não uma relação com o objeto de valor "riqueza", mas com ele mesmo. Tudo se passa, em *Umbigo*, como se a protagonista evitasse dar-se aos outros, concentrando-se nela mesma. A metonímia de sua figura no quadro, que ela carrega durante seu percurso nas ruas, sugere essa relação. Assim, o que ela evita é uma disjunção, como na avareza, de seu objeto de valor, buscando, em sua paixão, esse estado de não disjunção. Ao contrário de um sujeito gregário, que se dá aos outros em uma constante disjunção de si mesmo, a protagonista de *Umbigo* é segregativa.

Movida por esse estado passional, ela age recolhendo-se em sua privacidade. Essa ação constitui seu programa de base. A posse do retrato, seu programa de uso, já é um fazer realizado em uma conjunção, de modo que seu programa de base encontra-se, no texto, em fase terminativa. Portanto, há uma desaceleração da ação que se resolve na realização da paixão no último quadrinho da história. Isso não quer dizer que a paixão só se manifesta no texto nesse momento, mas quer dizer que, quando a ação termina, o conteúdo passional que a orienta manifesta-se com mais evidência. Desse modo, o percurso público $\Rightarrow$ não público $\Rightarrow$ privado, em nível fundamental do plano de conteúdo, orienta uma narratividade desacelerada em nível narrativo.

No plano da expressão, porém, o ritmo sofre outras alterações. Articulado em termos de espaço e ponto, o espaço é a continuidade sobre a qual os pontos são marcados como acentos tônicos. Destacando as duas últimas páginas da história, quando o ritmo do conteúdo é desacelerado e o percurso público $\Rightarrow$ não público $\Rightarrow$ privado se realiza, é possível marcar o ritmo da expressão pontuado com os desenhos das personagens:

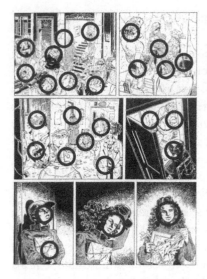 

Tal como nas telas de Mondrian, sobre a extensão do espaço plano são marcados acentos tônicos na forma de pontuações. Quanto mais pontuações, mais ritmo, logo, há uma desaceleração no plano da expressão na página três que acompanha a desaceleração no plano do conteúdo no percurso público ⇒ não público ⇒ privado, realizando, assim, uma relação semissimbólica entre as narratividades nos dois planos.

No último quadrinho, entretanto, quando o conteúdo está desacelerado na realização da paixão colocada em discurso, há uma aceleração no plano da expressão, promovida pelo retorno de maior quantidade de acentos tônicos. Desse modo, na página quatro, há uma narratividade desacelerada no conteúdo e, contrariamente, uma narratividade acelerada na expressão, realizando uma correlação semissimbólica contrária à que se realiza até então.

De acordo com J. L. Fiorin (FIORIN, 1989: 56), quando na instância da enunciação se nega o que se afirma no enunciado, gera-se o efeito de sentido da ironia. Ocorre nesse último quadrinho algo semelhante ao que ocorre nessa figura de linguagem, afirma-se uma desaceleração no plano do conteúdo e uma aceleração no plano da expressão, de modo que o que se nega em um plano afirma-se no outro. Pode-se considerar, portanto, um outro tipo de ironia, gerada não mais pela relação enunciação-enunciado, mas pela relação entre as narratividades dos dois planos da linguagem.

As figuras de linguagem, que de um ponto de vista semiótico podem ser consideradas como figuras de discurso, promovem orientações de sentido na construção de um texto. Em *Umbigo*, há pelo menos três dessas figuras: antítese quando se realiza a categoria semântica *identidade vs. alteridade*; metonímia quando se realiza a categoria *parcialidade vs. totalidade*; e ironia quando há aceleração na narratividade da expressão e desaceleração no conteúdo. No desenvolvimento do tema da relação do eu consigo mesmo, essas figuras imprimem seus efeitos de sentido no nível discursivo do conteúdo desse texto.

A crise do ego pode seguir por duas orientações de sentido diferentes, ambas construídas por meio do discurso. Em uma delas, o ego examina seus eus de um ponto de vista antitésico, o que quer dizer que eles são vistos como outros. O ego é, por isso, mais um eu diferente entre os diferentes eus, representando aquele que procura a identidade em meio à alteridade das antíteses. Em outra orientação, ele resolve a questão fora da categoria *identidade vs. alteridade*. Mudando seu ponto de vista para uma orientação metonímica, esse ego passa a ser um todo que organiza as suas partes, representadas não mais em eus diferentes, mas em partes complementares de um mesmo eu. O ego, assim, deixa de sofrer uma cisão em sua unidade.

Essa solução, no entanto, é colocada em dúvida pela ironia. Acelerando a expressão na suposta resolução metonímica da crise do ego, tal como ela estava acelerada durante o questionamento antitésico, coloca-se em dúvida a solução passional adotada na desaceleração do conteúdo. Tudo se passa como se, nessa inversão rítmica entre as duas narratividades, a aceleração da expressão colocasse sob suspeita a desaceleração do conteúdo.

Conclusão

Ainda que provisórias, essas considerações sobre o ritmo e suas relações com a narratividade, organizada em termos de ação e paixão, permitem algumas conclusões. Estabelecer um estatuto semiótico para o ritmo em termos de uma categoria de tonicidade e procurar determinar seus efeitos de sentido, tanto no plano da expressão quanto no plano do conteúdo, pode levar à definição de um nível narrativo na geração da expressão.

Essa narratividade, não mais restrita ao conteúdo, mas plástica ou musical, passa a ser formada pela categoria da tonicidade, de modo que o nível narrativo, no plano do conteúdo, pode ser uma das manifestações dessa categoria nesse plano. Quando aplicada ao plano da expressão, a mesma categoria gera narratividades de ordens diferentes, plásticas ou musicais, dependendo da expressão manifestada. Portanto, ao que tudo indica, a narratividade, independentemente do plano em que se realiza, pode ser definida em termos de ritmo.

O semissimbolismo
na escultura e na arquitetura

Os caminhos dos homens

O cavalo e a carroça
Estavam atravancados no trilho
E como o motorneiro se impacientasse
Porque levava os advogados para os escritórios
Desatravancaram o veículo
E o animal disparou
Mas o lesto carroceiro
Trepou na boleia
E castigou o fugitivo atrelado
Com um grandioso chicote

Oswald de Andrade

Todos os objetos analisados anteriormente são planares, com planos de expressão bidimensionais, de modo que as categorias plásticas manifestam-se no espaço construído entre uma altura e uma largura. A inclusão de mais uma dimensão espacial faz com que se definam objetos com volume, ou seja, com plano de expressão tridimensional. Nos dois capítulos seguintes, são analisadas duas esculturas e uma obra de arquitetura. O que se pretende mostrar é que a inclusão da largura não interfere nos procedimentos semióticos utilizados nos outros estudos. As categorias plásticas não são categorias planares, já que seu grau de abstração permite a concepção de uma forma semiótica própria da plasticidade, que pode ser manifestada em duas ou em três dimensões. O que muda de duas para três dimensões é a substância, e não a forma.

Expressão e conteúdo no texto da escultura

Inaugurada em 25 de janeiro de 1953, a maquete desta escultura, de Vitor Brecheret, foi a ganhadora do concurso instituído por Washington Luís para homenagear os feitos dos bandeirantes (*A arte no Brasil*: 199):

Com 50 metros de comprimento, 16 metros de largura e 10 metros de altura, são oito mil metros cúbicos fazendo sentido perto do parque do Ibirapuera, o mais popular do município de São Paulo.

Em proporções bem menores, que não chegam sequer a um metro cúbico, temos este tipo de estatueta, confeccionado por escultores populares como Vitalino Ferreira dos Santos, e vendido como *souvenir* para as pessoas que visitam as muitas feiras de artesanato no Nordeste do Brasil (*A arte no Brasil*: 225):

Entre os diversos temas representados por esse tipo de estatueta, como a festa do bumba meu boi e o cangaço, está a seca. Uma de suas figurativizações mais típicas é a família de nordestinos, andando em fila indiana, chamada genericamente de retirantes. Os retirantes da escultura mostrada são do próprio mestre Vitalino.

O que há em comum entre o texto de Vitor Brecheret e o de Vitalino Ferreira? Feitos em materiais e tamanhos diferentes, seus processos históricos de produção também são diferentes. Vitor Brecheret é um dos nomes mais destacados da escultura moderna brasileira e seu *Monumento às Bandeiras* é uma obra única, enquanto Vitalino Ferreira é um artesão popular, e seus *Retirantes*, com pequenas variações, são um modelo repetido por ele e por outros profissionais de seu meio. No plano do conteúdo, as esculturas também divergem: na de Brecheret é tematizado o fazer explorador dos bandeirantes; e na de mestre Vitalino, o fazer migrador dos retirantes. No entanto, ambos deram forma ao plano de expressão de seus textos a partir de um elemento plástico comum. Nas duas esculturas, há o desenvolvimento de seus temas colocando suas personagens em fila. No plano da expressão, essa colocação em fila dá-se por meio de um eixo, orientado pela categoria plástica *anterioridade vs. posterioridade*:

anterioridade   posterioridade   anterioridade   posterioridade

Deve-se determinar, em seguida, como o tema do plano de conteúdo próprio de cada uma delas é textualizado de acordo com essa mesma orientação do plano de expressão, e a relação semissimbólica que se constrói em cada caso.

Semissimbolismo e a tematização das Bandeiras

O *Monumento às Bandeiras* trata de um processo de expansão de território empregado no Brasil durante o período colonial. Ao lado das Entradas, as Bandeiras eram operações de reconhecimento de terras não exploradas pela metrópole portuguesa. Buscando riquezas naturais, como ouro e pedras preciosas, o bandeirante era também o porta-voz da civilização europeia dominando o novo mundo. Entradas e Bandeiras fazem parte de um projeto que já estava anunciado na carta de Pero Vaz de Caminha e que diz respeito ao processo de exploração e aculturação das colônias pelas metrópoles, praticado durante a Idade Moderna. Em seu *Tratado da terra do Brasil*, Pero de Magalhães Gândavo comenta que entre o gentio não havia nem fé, nem lei e nem rei (Gândavo, 1980: 52), o que quer dizer que não havia civilização.

Nesse processo colonial, a cultura europeia, que em Portugal pode ser traduzida em termos de monarquia e papado, representa a civilização que se deveria impor aos nativos da América, considerados ainda em estado selvagem. Assim, essa aculturação justificava-se por meio de um discurso social, orientado pela categoria semântica fundamental *natureza vs. cultura*. Desse modo, os nativos, em estado selvagem, representam a natureza e os colonizadores, a cultura, que se apresenta por meio da fé, da lei e do rei, ou seja, por meio dos paradigmas do que era reconhecido na época como civilização.

Nesse discurso, o termo euforizado é a cultura e o disforizado é a natureza, já que a colonização é considerada uma melhoria e, em termos de discurso religioso, uma salvação para as almas dos índios pagãos. A ação do colonizador é, por isso, uma negação da natureza e uma afirmação da cultura, realizando o percurso natureza $\Rightarrow$ não natureza $\Rightarrow$ cultura no nível fundamental. As personagens da escultura de Brecheret agem, portanto, de acordo com essa orientação de sentido, própria do discurso da colonização.

Colocados em fila, os bandeirantes caminham da anterioridade para a posterioridade, orientados pelo discurso social que segue o percurso natureza $\Rightarrow$ não natureza $\Rightarrow$ cultura. Pode-se verificar, portanto, uma relação semissimbólica: a anterioridade coincide com a natureza e a posterioridade, com a cultura.

Semiótica visual • Os percursos do olhar

PE	anterioridade	vs.	posterioridade
PC	natureza	vs.	cultura

Semissimbolismo e a tematização do retiro

Na escultura de Vitalino o plano do conteúdo é formado a partir de uma tematização diferente. Um dos elementos que apontam para a tematização das Bandeiras, ao lado do título da obra, é o percurso figurativo de suas personagens. Vestidos e dispostos como estão, elas figurativizam os bandeirantes e sua atividade exploradora. As personagens do retiro não têm essa força figurativa. Vestidos como camponeses e carregando suas ferramentas de trabalho, nada indica que a família está migrando por causa da seca. Assim como estão, nada contraria a interpretação de que se trata de uma família feliz indo ou voltando do trabalho. Contudo, o título *Retirantes* faz parte de sua semiótica, o que, nos termos de R. Barthes, desfaz a polissemia da imagem e orienta sua interpretação para o tema do retiro.

O tema dos *Retirantes* pertence ao tema da seca dos estados do Nordeste do Brasil que, de investigações científicas a poesias e prosas, tem sido recorrente quando se trata dessa região. Seu exemplo mais significativo, em termos de literatura brasileira, é o romance *Vidas secas* (1980), de Graciliano Ramos. Nele, Fabiano observa os anúncios da seca pelos urubus. Essas aves são um indício da morte, que é espalhada pelos avanços da seca que, no início do romance, quase atinge um de seus filhos. O retiro também é o tema da canção *Asa Branca*, de Luiz Gonzaga e Humberto Teixeira. Nos versos: "quando olhei a terra ardendo, qual fogueira de São João" está tematizada a morte, que se apodera do Nordeste e obriga seu nativo a migrar para as demais regiões do país. Desse modo, a categoria semântica do conteúdo desse tipo de discurso sobre a seca é a categoria *vida vs. morte*. O retirante, em seu êxodo, nega a morte que se afirma na seca e procura a afirmação da vida em outros lugares.

Colocados em fila, os retirantes caminham da anterioridade para a posterioridade, orientados pelo discurso do êxodo que segue o percurso morte $\Rightarrow$ não morte $\Rightarrow$ vida. Pode-se verificar, portanto, uma relação semissimbólica: a anterioridade coincide com a morte e a posterioridade, com a vida.

PE	anterioridade vs. posterioridade
PC	morte vs. vida

Resta observar que tanto o texto de Brecheret quanto o de Vitalino são narrativas, e em cada uma há a realização de um fazer diferente: a exploração, para os bandeirantes, e o êxodo, para os retirantes. Contudo, os fazeres nas esculturas dizem respeito a uma etapa que corresponde à negação de um dos termos da categoria semântica que os orienta: o fazer dos bandeirantes realiza o termo não natureza; e o fazer dos retirantes, o termo não morte. Dentro das relações semissimbólicas de cada uma das esculturas, esse fazer conceitual coincide, no plano da expressão, com a etapa da não anterioridade do percurso anterioridade ⇒ não anterioridade ⇒ posterioridade. Assim, em ambas, realiza-se um fazer que corresponde à não anterioridade, que é, plasticamente, como suas personagens estão dispostas.

bandeirantes	PC	natureza	⇒ *não natureza*	⇒ cultura
retirantes	PC	morte	⇒ *não morte*	⇒ vida
fila	PE	anterioridade	⇒ *não anterioridade*	⇒ posterioridade

A enunciação

Na enunciação são colocadas em discurso as categorias de pessoa, tempo, e espaço. Na escultura de Brecheret, o tempo e o espaço são preenchidos, semanticamente, pelo tempo histórico e pelo espaço geográfico das Entradas e Bandeiras, e as pessoas são os colonizadores e os nativos que participam da empreitada contada pelo texto. Na escultura de Vitalino, por sua vez, o tempo é a estação de seca, o espaço, o do Nordeste brasileiro e, as pessoas, os retirantes. Nos dois textos, portanto, há uma enunciação em terceira pessoa, ou seja, uma enunciação enunciva.

Os processos semióticos da enunciação são próprios do plano do conteúdo, por isso não é pertinente a consideração do volume físico das esculturas, próprio da substância do plano da expressão. Em princípio, o tamanho, como substância, está fora das considerações semióticas, restritas à forma da expressão. No entanto, quando o plano de expressão

127

é manifestado em uma substância, seu tamanho pode interferir na enunciação. Sobre o tamanho das coisas pesam conotações sociais, e quando essa grandeza se torna pertinente para a análise, não é de uma substância que se está tratando, mas da forma semiótica, orientada pela categoria *grande vs. pequeno*, que permite fazer essas conotações.

Se a mesma categoria linear *anterioridade vs. posterioridade* orienta a expressão nas duas esculturas, no que se pode chamar nível fundamental da expressão, deve haver diferenças quando ela orienta uma expressão que se enuncia em oito mil metros cúbicos e outra que se enuncia em, aproximadamente, 1.250 centímetros cúbicos, perante um mesmo enunciatário humano.

O *Monumento às Bandeiras* é uma escultura encomiástica, ou seja, ela se presta a fazer uma homenagem. O que se pretende, em seu texto, é homenagear os feitos das Entradas e Bandeiras. Não se trata, então, de denunciar os desmandos e a brutalidade daqueles homens, mas de enaltecer seu pioneirismo. Faz parte da tradição ocidental, entre outras, traduzir grandes homens, perpetradores de grandes feitos, em monumentos de grande tamanho. Enunciados desse modo, grandiosamente, os grandes homens sempre são olhados de baixo pelos homens comuns, os enunciatários desses textos, como acontece quando se está perante os trinta e sete gigantes, de dez metros de altura, do monumento de Brecheret. Essa magnitude é impossível de ser alcançada pela estatueta de Vitalino, já que ela cabe na mão de seus enunciatários humanos.

O volume é um dado que pode ser pertinente também nos sistemas semióticos verbais. As línguas têm um plano de expressão que se realiza por meio de fonemas distribuídos em uma curva entoativa. Na entonação, o volume passa a ser um traço pertinente quando interfere no sentido do que é dito, já que, entre os limites do grito e do sussurro, há muitas gradações que passam a interferir no plano do conteúdo de um texto verbal. O volume, quando aplicado à formação dos sons da fala, diz respeito à amplitude que forma a curva entoativa, de modo que, se nos sistemas verbais um grito é um som alto, nos sistemas visuais, tendo o tamanho por comparação, um volume grande pode ser comparado a um grito. Então, se o *Monumento às Bandeiras* pode ser comparado ao volume do grito, os *Retirantes* estão nas dimensões do murmúrio.

Na medida em que esses tamanhos demarcam um papel para o enunciatário, eles também conotam, sociossemioticamente, um papel do enunciado: enquanto a estátua de Brecheret é um grito perto do parque do Ibirapuera, a de Vitalino é um murmúrio nas feiras de artesanato. Vamos analisar essas conotações.

Esses dois caminhos, colocados em fila por Brecheret e Vitalino, estão de acordo com os dois tipos de Brasil que se costuma construir nos discursos políticos: há um Brasil rico, que caminha para o progresso e está sempre retomando seu crescimento, em vias de desenvolvimento; e há um Brasil pobre. O primeiro, certamente, tem de construir mitos que apontam para esse progresso, e um dos modos de fazer isso é gerar o efeito de sentido de grandiosidade, tanto nos conteúdos associados a eles quanto em seus modos de expressão. O mito histórico do *Grito do Ipiranga* é construído com grandiosidade, ele é grandioso em seu conteúdo, "independência ou morte", e em suas representações plásticas. Raramente faz parte desse mito lembrar que Dom Pedro I, rei do Brasil, foi, ao mesmo tempo, Dom Pedro IV, rei de Portugal, o que coloca sob suspeita uma independência cujo rei da recente nação é o mesmo da antiga metrópole. Grandiosa também é a estátua do duque de Caxias, que, junto com o *Monumento às Bandeiras*, é trabalho de Vitor Brecheret. O grito desses monumentos tem de ter volume alto, já que o que se pretende com eles é que se faça ecoar uma memória nacional, de viés progressista, através dos tempos.

Os bonecos vitalinos são aquilo que se costuma chamar de lembranças. Eles são um tipo de artesanato que, cabendo na palma da mão, é fácil de ser trazido de uma viagem aos estados nordestinos do Brasil. Como lembranças, eles apenas murmuram, tal qual Fabiano quando, em *Vidas secas*, roubado pelo seu patrão fazendeiro, refletia, amuado:

> Não era preciso barulho não. Se havia dito palavra à toa, pedia desculpa. Era bruto, não fora ensinado. Atrevimento não tinha, conhecia o seu lugar. Um cabra. Ia lá puxar questão com gente rica? Bruto, sim senhor, mas sabia respeitar os homens. (RAMOS, 1980: 93)

A vida em comum

A arquitetura como construir portas,
de abrir; ou como construir o aberto;
construir, não como ilhar e prender,
nem construir como fechar secretos;
construir portas abertas, em portas;
casas exclusivamente portas e teto.
O arquiteto: o que abre para o homem
(tudo se sanearia desde casas abertas)
portas por-onde, jamais portas-contra;
por onde, livres: ar luz razão certa.

João Cabral de Melo Neto

Neste capítulo sobre o texto arquitetônico, antes mesmo de escolher o texto, escolhi o arquiteto. Devido a uma simpatia por sua vontade política, gostaria de examinar um texto de Vilanova Artigas. Encontrei, no número 50 da revista *Arquitetura e urbanismo*, um artigo sobre sua trajetória, de Dalva Thomaz. O texto, esclarecedor sobre o trabalho do arquiteto, é ilustrado com fotos e plantas de muitas de suas obras, entre elas o prédio da Faculdade de Arquitetura e Urbanismo (FAU), do *campus* da Cidade Universitária da Universidade de São Paulo, e a garagem de barcos do Iate Clube Santa Paula, na represa de Guarapiranga, ambos no município de São Paulo.

O prédio da FAU não poderia deixar de constar em uma retrospectiva da obra do arquiteto, entretanto, não esperava encontrar uma foto da garagem do Iate Clube Santa Paula. Foi então que resolvi olhar para os textos de Artigas de um ponto de vista mais pessoal. Buscando na leitura do estudo de Dalva Thomaz um modo técnico de começar esta abordagem semiótica do texto arquitetônico, terminei envolvido por algumas de minhas recordações. Se a ideia inicial fora coletar dados para uma análise semiótica do prédio da FAU, reconhecer entre seus trabalhos a arquitetura do iate clube me fez repensar a arquitetura da faculdade.

Em uma das passagens do seu texto, Dalva Thomaz alerta a respeito das conclusões erradas que podem ser induzidas caso a arquitetura seja analisada apenas por meio de fotografias:

> De há muito Artigas se despreocupara com o rebuscamento do desenho exterior. Parece preferir a economia formal da arquitetura clássica para privilegiar o interior. Como se não quisesse se exibir em público. Atitude já interpretada como negação da sociedade ou imposição autoritária. Às vezes ficamos tentados a pensar que essa seja uma leitura de fotografia. Nada contra a fotografia, recurso perfeito para registrar a imagem. Arquitetura é que talvez não devesse ser confundida com imagem. Ela tem vida própria. E conhecer uma obra de Artigas coloca essa surpresa: a escala. O monumental na imagem fotográfica se revela de uma simplicidade desconcertante no contexto da paisagem. Poderia passar despercebida, não fosse o exercício de buscá-la. (THOMAZ, 1993: 88)

Fotografado, o texto arquitetônico é traduzido de uma semiótica do volume para uma semiótica do plano, de modo que a sensação espacial que ele nos oferece fica totalmente desfigurada. Um texto de arquitetura deve ser visitado para ser sentido, por isso, seu leitor deve estar dentro dele.

Durante um bom tempo, visitei dois textos de Artigas: o prédio da FAU, sabia ser sua obra; da garagem de barcos do Iate Clube Santa Paula, que teve seu nome mudado para Mar Azul, nem me lembrava mais. Na verdade, até então, não sabia que esse texto era seu. Frequentei, quando criança, o Iate Clube Santa Paula, e recordá-lo como um texto de Artigas deu-me uma outra dimensão para sentir e entender o prédio da FAU.

Em época de milagre econômico, em São Paulo, o Brasil andava com gasolina azul, que, na década de 70, foi o combustível utilizado nos motores de barcos. A represa de Guarapiranga era limpa e cercada por iate clubes. Durante essa época da ditadura militar, a classe média que se formava andava em ritmo de aventura: automóveis e barcos eram uma constante nas capas dos LP's de Roberto Carlos, que, nos três filmes dos quais participou, atuava sempre motorizado.

Dos sete aos catorze anos, fui sócio dependente do Iate Clube Santa Paula. Foi então que conheci a arquitetura sem saber. A garagem despontava além do pátio do estacionamento. Seu concreto cinzento rimava com as pedrinhas que calçavam o chão e com os muros que cercavam o lugar onde os carros ficavam. O concreto continuava exposto nas escadas e por todo o chão do bar, que ficava sob o teto da garagem.

Além no mais, havia o desafio de entender como aquele teto, enorme e pesado, podia ficar equilibrado em apoios cilíndricos sem rolar.

Durante a graduação na USP, no horário de almoço, eu e alguns colegas ficávamos na FAU. De modo algum era a comida que nos levava ali, o lugar é que era agradável. Mais tarde, depois de formado, voltei a frequentar o prédio da FAU, com outros amigos, já sabendo quem o tinha projetado. Uma vez por mês, pelo menos, lá estávamos. Bastava cruzar a portaria e, de algum lugar dos outros níveis da construção, alguém me via e me chamava. O espaço era perfeito, dava para ver quem chegava e quem saía do prédio, dos muitos lugares em que se podia conversar sossegado.

Dentro do texto do arquiteto, durante aquelas noites na FAU, pude sentir como Vilanova Artigas pretendeu romper com o individualismo burguês através de seus amplos espaços comunitários (*A arte no Brasil*, s.d.: 276). O que é proposto agora, utilizando o aparato teórico da semiótica, é entender como ele faz isso.

A categoria de expressão

Para examinar como o sentido está formado no prédio da FAU, pode-se começar determinando uma categoria de expressão, que permita começar uma descrição semiótica. Mais uma vez, é no texto de Dalva Thomaz que se encontra esse caminho, em um comentário sobre essa construção:

> A liberdade no tratamento do espaço caracteriza este prédio que tem como partido a ocupação das laterais e um grande vazio central: a praça. Sua cobertura retangular é uma grelha tridimensional com domos translúcidos para iluminação natural. A visualidade é a grande surpresa interna. No conjunto, destacam-se as rampas de ligação entre os diversos níveis e o convite ao passeio curioso pela continuidade dos espaços. (THOMAZ, 1993: 86)

A palavra-chave é "continuidade", que permite recorrer à categoria formal *continuidade vs. descontinuidade*. Na FAU, a comunicação por rampas prevalece sobre as ligações por escadas, e o subsolo, o térreo e os andares são interligados por elas, como se pode ver no corte longitudinal da planta do prédio:

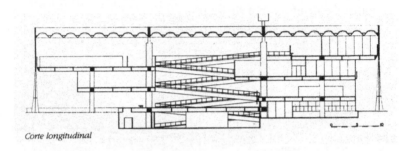

Corte longitudinal

Além disso, seus níveis têm como centro o espaço vazado que dá para a praça central, e são formados por amplos corredores que, por sua vez, comunicam-se através das rampas.

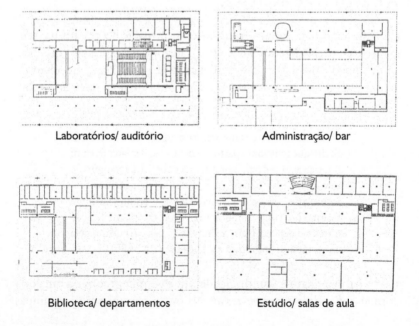

Laboratórios/ auditório   Administração/ bar

Biblioteca/ departamentos   Estúdio/ salas de aula

Em seu estilo, Artigas não favorece as continuidades expulsando as descontinuidades de sua obra, mas articulando o termo complexo formado pela categoria *continuidade vs. descontinuidade*. Um modo de entender como ele faz isso é descrever como a categoria *continuidade vs. descontinuidade* recorta o espaço da construção. Observando o prédio da FAU com atenção, entende-se porque Dalva Thomaz aponta a economia formal como uma das características do estilo de Artigas. O volume, em sua construção, é orientado por uma articulação de planos horizontais e verticais que constroem, respectivamente, o chão por onde se caminha e as paredes que definem seus limites. Assim, a categoria *continuidade vs. descontinuidade* está realizada, plasticamente, nos termos da categoria *horizontal vs. vertical*. A continuidade realiza-se na horizontalidade e a descontinuidade, na verticalidade.

Esse nível de formalização, porém, é relevante para muitos tipos de construção, já que a planta de qualquer apartamento pode ser descrita nesses termos categoriais. Esta planta do edifício *Célébrité*, localizado na rua Dr. Virgílio de Carvalho Pinto, 577, bairro de Pinheiros, município de São Paulo, pode ser descrita pelas mesmas coordenadas que estamos utilizando para o prédio da FAU. Nela, as paredes verticais impõem uma descontinuidade à continuidade dos caminhos horizontais, realizados pelo chão:

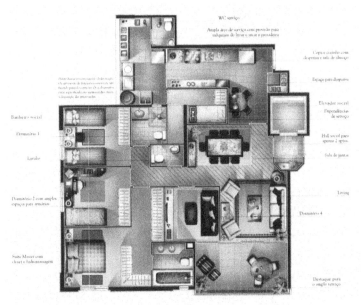

O que é diferente em Artigas é como ele articula essa relação categorial no plano da expressão de suas obras, e como constrói duas relações semissimbólicas com o plano do conteúdo: uma própria da arquitetura, de um modo geral, e outra própria da ideologia do arquiteto.

Semissimbolismo e arquitetura

A articulação formal do plano de expressão, determinada no item anterior, pode ser relacionada com uma categoria do plano do conteúdo. Em sua análise da *Maison Braunschweig*, do arquiteto Georges Baines, J. M. Floch utiliza a categoria semântica *público vs. privado* (FLOCH, 1985: 117- 137). Toda moradia, no entanto, pode ser analisada por meio dessa categoria, já que impõe um recorte no espaço de todos para isolar, em meio a ele, um espaço para alguns.

Com esses dados, é possível descrever uma relação semissimbólica: o público, no plano do conteúdo, está relacionado com a continuidade/horizontalidade na expressão do espaço coletivo; contrariamente, o privado está relacionado com a descontinuidade/verticalidade na expressão do mesmo espaço.

PC	público vs. privado
PE	continuidade vs. descontinuidade
	horizontal vs. vertical

Esse semissimbolismo, no entanto, vale tanto para o prédio da FAU quanto para o edifício *Célébrité*. O que é diferente, em Artigas, é como ele trabalha essa relação em seu texto.

Caminhando em direção à FAU, partindo do Instituto de Física, o texto de Artigas pode ser visto assim:

Se a horizontalidade do chão realiza o espaço público, ao entrarmos na FAU ele continua a realizar-se dentro da construção, distribuído por seus andares, como se pode observar nas plantas dos níveis. As rampas e os corredores amplos maximizam o efeito de continuidade. Além do mais, não há portas, portões e nem guaritas, e no espaço do térreo não há paredes, de modo que o vão livre oferece, a quem caminha, a continuidade do espaço público.

As paredes, na maioria de vidro, negam parcialmente a descontinuidade do espaço privado, já que oferecem à visão aquilo que se nega ao caminho. Nem nos banheiros há paredes totalmente fechadas, elas estão dispostas, no máximo, de forma a realizar a continuidade do caminho, propondo desvios. Somente as salas de aula são fechadas, mas, mesmo assim, suas inclinações remetem às rampas que tivemos de subir para se chegar a elas e, depois, fechar a porta.

Isso não acontece com o edifício *Célébrité*, protegido por grades, logo na entrada:

Sua planta também revela, a partir da sala de jantar e do *living*, a privatização dos cômodos por meio das paredes e das portas:

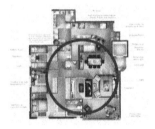

137

Além da continuação do espaço público, trazido para dentro do prédio por meio dessas estratégias de sentido, também há na FAU um projeto semelhante para o tratamento do tempo. O teto translúcido e os vãos das paredes laterais permitem uma iluminação que acompanha o ciclo natural do dia e da noite. Dentro da FAU, o tempo não se torna privado, nas horas fechadas dentro de um espaço fechado, que aliena seu visitante do tempo comum.

Semissimbolismo e engajamento político

Essas orientações espaciais e temporais, organizadas pela categoria semântica *público vs. privado*, orientam os visitantes da FAU, as pessoas de seu texto: dentro da FAU, as pessoas realizam suas atividades publicamente. Essa imposição, promovida pela arquitetura do prédio, está de acordo com a ideologia política de Artigas. Por meio de uma relação entre categorias de conteúdo do discurso político e do semissimbolismo *público/continuidade vs. privado/descontinuidade*, o arquiteto encontra um modo de militância.

Engajado na política de esquerda, Vilanova Artigas foi perseguido pela ditadura militar. Preso em 1964, teve em 1968 seus direitos caçados pelo AI-5. Sua arte engajada, no entanto, continua a falar por ele por meio de seus textos arquitetônicos. Isso porque, em sua ideologia política, Artigas articula a categoria semântica *público vs. privado* com a categoria semântica *liberdade vs. opressão*. Em seu ideário político, o público deve sugerir a liberdade e o privado, a opressão, em uma transposição para a arquitetura das concepções dos meios de produção da ideologia comunista. No capítulo "A arquitetura moderna" de *A arte no Brasil*, editada pela Nova Cultural, há o seguinte item a respeito de Artigas, que confirma essa relação:

Uma arquitetura engajada

Ainda nos anos 50, Artigas acusava Le Corbusier de agente do imperialismo norte-americano porque, em sua opinião, o módulo representava um ataque ao sistema métrico decimal e uma volta às unidades de medidas arcaicas, preservadas pelos países anglo-saxões. É praticamente impossível separar a obra de Artigas de suas preocupações sociais e políticas. Seu trabalho reflete sempre um interesse comunitário em integrar o todo, em romper o que o arquiteto considera o individualismo da sociedade capitalista. Na elaboração do projeto da Faculdade de Arquitetura e Urbanismo da Universidade de São Paulo, Artigas pôde desenvolver sua temática. (*A arte no Brasil*: 275-276)

Assim, no texto do prédio da FAU, há a seguinte relação semissimbólica:

PC	público	vs.	privado
	liberdade	vs.	opressão
PE	continuidade	vs.	descontinuidade
	horizontal	vs.	vertical

Artigas tinha uma concepção de suas obras que, assim formadas semioticamente, adquiriam "vida própria". Para ele:

> O edifício criado pelo homem, assim como tudo que é criado por ele, prevalece no conjunto do ambiente com a linguagem do autor, mas como a expressão de todo o conhecimento artístico da época em que foi feito. E esse projeto, quando se cristaliza no edifício, fala para os séculos, ele não pode jamais parar de falar. Separa-se como um livro de seu autor, vira-se de costas para o próprio autor, passa a ter vida própria. (*apud* THOMAZ, 1983: 78)

Em semiótica, um objeto pode ser utilizado como um meio para um fim, ou como um fim em si mesmo. Quando é um meio, é um objeto de uso, quando é um fim, é um objeto de base. J. M. Floch, estudando a relações entre semiótica e *marketing*, define os primeiros como objetos investidos de valores práticos e os segundos, como objetos investidos de valores utópicos (FLOCH, 1995: 126-136), como está explicado no primeiro capítulo deste trabalho.

Descrevendo a narratividade por meio das relações entre sujeito e objeto narrativos, a semiótica entende que, para conseguir seu objeto de base, o sujeito deve adquirir objetos de uso. Se um produto de consumo é valorizado como um meio para outras realizações, há uma valorização prática, mas se é valorizado como um fim em si mesmo, há uma valorização utópica, de acordo com a terminologia proposta por

Floch (FLOCH, 1995: 126-136). As obras de Artigas recebem dele uma valorização utópica, pois além da finalidade prática de abrigar, seus textos valem por si mesmos. É isso que ele quer dizer com "passar a ter vida própria", em sua citação. Ainda em suas próprias palavras (*apud A arte no Brasil*, s. d.: 277):

> Oscar [Niemeyer] e eu temos as mesmas preocupações e encontramos os mesmos problemas; mas, enquanto ele sempre se esforça para resolver as contradições numa síntese harmoniosa, eu as exponho claramente. Em minha opinião, o papel do arquiteto não consiste numa acomodação; não se deve cobrir com uma máscara elegante as lutas existentes, é preciso revelá-las sem temor.

Como valorização utópica, suas obras adquirem vida própria, e o que elas dizem aponta para a revelação das lutas que, para o arquiteto engajado, são também as lutas sociais. É isso que a garagem do Iate Clube Santa Paula dizia durante minha infância e o prédio da FAU diz, até hoje, em minha maturidade. Talvez no futuro, com os conformismos que acompanham a velhice, estes versos de Carlos Drummond de Andrade venham a fazer mais sentido:

> No meio do caminho tinha uma pedra
> tinha uma pedra no meio do caminho
> tinha uma pedra
> no meio do caminho tinha uma pedra.

> Nunca me esquecerei desse acontecimento
> na vida de minhas retinas tão fatigadas.
> Nunca me esquecerei que no meio do caminho
> tinha uma pedra
> tinha uma pedra no meio do caminho
> no meio do caminho tinha uma pedra.

Por enquanto, as continuidades de Vilanova Artigas falam mais alto. Com os anos da maturidade, é mais fácil pensar com Maiakóvski que é preciso arrancar alegria ao futuro, e continuar tendo uma boa conversa no prédio da FAU.

O semissimbolismo
na poesia concreta

Os enigmas das imagens

Não podendo revelar os mistérios da criação
só nos resta valorizá-los, distinguindo-os
cada vez mais daquilo que não tem mistério.

Luiz Tatit

A semiótica, embora possa ser aplicada na análise de textos literários, não é uma teoria da literatura. Tomando como seu objeto a literariedade, a teoria da literatura desenvolve seus modelos em função do texto verbal, de modo que eles se aplicam à poeticidade nessa semiótica. Contudo, quando escrita, a palavra ganha dimensões plásticas, já que a letra é também uma imagem. Voltaremos a isso no capítulo seguinte.

A poesia concreta, em sua proposta estética, intensifica e carrega de poeticidade uma relação entre palavra e imagem que existe em todo texto escrito. Assim, fazer poesia com palavras coloca o concretismo entre os movimentos literários; por outro lado, fazer poesia com imagens o coloca entre as artes plásticas. Contudo, as dimensões poéticas de um poema concreto não resultam da soma entre o literário e o plástico, mas da complexificação entre essas duas semióticas. Para fazer a análise de um poema concreto, portanto, não basta somar análise literária e análise plástica, mas deve-se analisar a complexificação que combina literariedade e plasticidade na construção do texto. As relações semissimbólicas, como é mostrado no terceiro capítulo, podem ser articuladas entre categorias semânticas e categorias linguísticas e plásticas, próprias do plano de expressão da poesia concreta, o que faz da semiótica um bom instrumento para sua análise. Desse modo, o que se pretende neste capítulo e no seguinte é mostrar como a teoria dos sistemas semissimbólicos pode contribuir para o estudo desse tipo de poema.

Junto com Décio Pignatari e Haroldo de Campos, Augusto de Campos é, com certeza, um dos poetas concretos mais criativos da literatura brasileira. Além do título genérico de Concretismo, Augusto de Campos organiza seus poemas em séries temáticas, que definem novas formas literárias. Há, por exemplo, seus "profilogramas", em que personalidades admiradas pelo autor são destacadas entre as palavras e as imagens que compõem os textos. Há também seus "equivocábulos", suas "intraduções" e algumas "enigmagens".

Criado em 1973, o poema *Código* é uma enigmagem:

O significante verbal

Em uma leitura sem enigmas, o que está escrito no texto é a palavra "código". As palavras são produtos de uma forma linguística, cujo plano de expressão tem dimensões fonológicas; contudo, algumas línguas possuem um sistema gráfico para traduzir essa oralidade em imagens, ou seja, para traduzir uma semiótica linguística em uma semiótica plástica. Valendo-se das formas gráficas do alfabeto latino, Augusto de Campos escreve a palavra "código" colocando as letras em uma disposição diferente da convencionada pela escrita padrão. Quando na poesia concreta viola-se essa escrita, o que se busca construir nesse sincretismo é uma nova forma plástica, que reorienta o significado e o significante da palavra, da semiótica verbal, com sentidos de uma semiótica plástica.

Vamos começar a análise do texto pela semiótica verbal. Há poemas de Augusto de Campos que, linguisticamente, são construídos dentro de formas literárias tradicionais. Em seu poema *O pulsar*, de 1975, o texto verbal está em forma de redondilhas maiores e com rimas *ababcdd*:

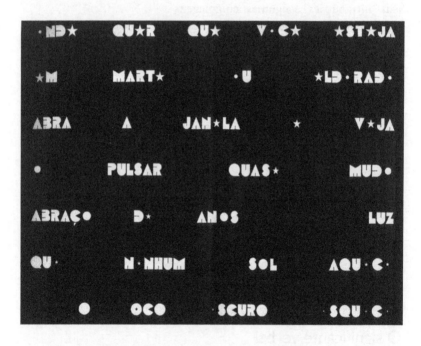

No poema *Viva vaia*, de 1972, há um trabalho com a expressão sonora das palavras "viva" e "vaia". Augusto de Campos utiliza os significantes das duas palavras para construir um quiasmo. A partir das vogais /a/ e /i/ e da semivogal /j/, "viva vaia" e "vaia viva" apresentam a inversão [i....a] ⇔ [a....j]:

Desse modo, nos versos de *O pulsar* e de *Viva vaia* há também poesia verbal. Uma palavra isolada, porém, raramente faz poesia, já que a palavra *código* não basta para formar um texto literário. O poético da enigmagem, então, está no trabalho com o conceito de *código*, e não em sua inserção em uma forma literária que trabalhe os elementos fonológicos, que formam sua expressão linguística. Com a palavra *código*, resta dirigir o exame do texto para seu significado.

O plano de conteúdo

O conceito de código é central para a poesia concreta, já que esse é um dos aspectos da mensagem que mais interessa aos concretistas. Participante não só dos círculos artísticos do Brasil, Augusto de Campos insere-se também nos círculos acadêmicos, o que quer dizer que suas investigações sobre o código estão orientadas por teorias da linguística e da semiótica.

Além de uma dimensão sistemática, em que se define a rede de elementos que forma um código, em qualquer linguagem há também uma dimensão de uso, que permite construir esse código em um discurso e modificá-lo sempre que possível. Por isso, se uma linguagem não pode ser reduzida a um código, é seguro afirmar que em toda linguagem há a estabilização de um código, que garante seu funcionamento.

Como está organizado um código? Ou melhor, quais são os princípios que permitem a organização de um código? Antes de tudo, um código precisa de uma definição dos elementos que o formam. Sem uma rede de elementos, não há código. Nas línguas, por exemplo, existe uma relação codificada entre a expressão e o conteúdo de suas unidades morfológicas. Esse código é uma estrutura, ou seja, é um conjunto organizado em que um elemento é definido em relação aos demais elementos do conjunto. Isso quer dizer que uma unidade morfológica de uma língua tem seu valor determinado em relação aos demais morfemas da mesma língua. O morfema de gênero masculino em português, por exemplo, é masculino em relação ao morfema de feminino; já em latim, o masculino forma-se em relação aos gêneros feminino e neutro. Esse é o princípio de formação de um código: a diferença relativa entre seus constituintes.

A partir desse princípio, é possível determinar a categoria semântica fundamental que permite descrevê-lo. O elemento que faz parte de uma estrutura é definido de dois modos que se complexificam: em sua identidade, ou seja, nas propriedades que o tornam reconhecível; e em sua alteridade, ou seja, na relação que contrai com os demais elementos do sistema. O morfema de "masculino" em língua portuguesa, por exemplo, é definido nesse complexo: na relação da imagem acústica /o/ com o conceito /masculino/; e na relação com os demais morfemas do sistema. Definido em sua constituição e em seu valor relativo, o elemento de um código é descrito de acordo com a categoria semântica fundamental *identidade vs. alteridade*. Desse modo, não é o elemento de um código, mas é a codificação de um elemento que é descrita pela categoria semântica *identidade vs. alteridade*. Essa complexificação é o conteúdo fundamental da palavra *código*.

Semissimbolismo e expressão plástica

No poema de Augusto de Campos o conteúdo da palavra *código* é expresso não só com o significante /kódigo/, mas com uma forma plástica que incide sobre sua imagem escrita. As letras são estas:

C O D I G O

Augusto de Campos escolhe uma forma gráfica que as converte em uma combinação de círculos e retas:

O resultado gráfico do poema não pode ser reduzido apenas à seleção da forma das letras, ele é produto, também, da combinação delas. Essa combinação altera o sentido de leitura da palavra "código", ele não se dá da esquerda para a direita, mas da periferia para o centro da imagem. Esse caminho de leitura, devido à configuração geométrica das letras, começa em um semicírculo que forma a letra "C", e termina em um círculo que forma a última letra "O" da palavra. Nesse percurso, o olhar passa por mais dois círculos, um formado pela primeira letra "O" e outro formado pelas curvas das letras "G" e "D". Assim, "código" está escrito sobre quatro círculos concêntricos:

O que se verifica no esquema acima é uma transformação: a partir de quatro círculos concêntricos formam-se as letras da palavra da enigmagem. Essa transformação é operada por outra forma gráfica que, no texto do poema, opõe-se à forma circular: a forma retilínea. É por meio de sua plasticidade que é possível formar a letra "I" e, a partir de recortes nos círculos, formar as letras "C", "G" e "D". Com a reta dividindo o arranjo dos círculos ao meio, a formação gráfica do texto pode ser descrita como a sobreposição de uma reta sobre quatro círculos concêntricos:

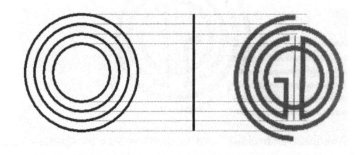

Essa expressão gráfica é formada pela categoria plástica *circular vs. retilíneo*, que forma o plano de expressão do texto do poema. Nessa formação visual, entretanto, há a intervenção de uma outra categoria plástica. A repetição de quatro formas circulares, convertidas em letras por meio da intervenção de uma forma retilínea, está orientada pela categoria de expressão *identidade vs. alteridade*. Sobre a identidade da forma circular intervém a alteridade de uma forma retilínea. Assim, no plano da expressão há a seguinte relação entre as categorias que o formam:

PE	circular vs. retilíneo
	identidade vs. alteridade

Essa relação plástica, que se realiza no sistema semiótico visual do poema, está de acordo com a semântica que se realiza em seu sistema semiótico verbal. Assim, tanto o conceito de "código" quanto sua escrita são orientados pela mesma categoria formal *identidade vs. alteridade*. A aplicação da mesma categoria formal nos dois planos da linguagem constrói uma

O semissimbolismo na poesia concreta

relação semissimbólica, já que ela forma os dois planos a partir de uma mesma relação semiótica. Desse modo, o conteúdo manifesta-se na forma plástica que recebe este investimento na expressão: o conteúdo identidade nos círculos; e o conteúdo alteridade, nas retas.

PE	circular vs. retilíneo
	identidade vs. alteridade
PC	identidade vs. alteridade

Isso faz com que a relação entre expressão e conteúdo, antes arbitrária, pareça motivada. No texto do poema, a relação *identidade vs. alteridade* do conteúdo aparece manifestada em sua expressão não no significante /kódigo/, mas na semiótica plástica usada para escrevê-lo. A relação linguística entre conceito e imagem acústica continua arbitrária, mas a relação do significado com sua imagem é motivada por uma relação semissimbólica. Discutindo a arbitrariedade do signo, o texto do poema coloca em questão o estatuto do código. Isso se dá não porque os signos deixem de ser arbitrários, mas porque o poema mostra que, no próprio código, encontram-se as relações que permitem construir o efeito de sentido de motivação.

O tao da escrita

A única saída, o único caminho para o homem é uma nova religião. É o caminho do misticismo. É a religião que não possui nem um bem nem um mal, nem direção nem meta, que apenas quer revelar mais e mais o Kaos interior de cada um. Uma religião de misticismo imanente, e não mais transcendente. Este caminho é o Kaos, o caminho da iluminação, do conflito eterno, da agonia, da autenticidade existencial, do absurdo, do relativismo das coisas.

Jorge Mautner

No livro *2 ou + corpos no mesmo espaço*, de Arnaldo Antunes, há o poema *Átomo divisível*:

O semissimbolismo da semiótica verbal

Na semiótica verbal do poema, o texto é este:

> átomo divisível
> montanha móvel
> certeza volúvel
> mundo delével
> aço inoxidável

As cinco frases são formadas por estruturas linguísticas comuns: as cinco são sintagmas nominais formados por um núcleo nominal seguido de um adjetivo; e todos os adjetivos, morfologicamente, são formados pelo sufixo -*vel*. Essa estrutura sintática e morfológica, revestida semanticamente, produz efeitos de sentido no plano do conteúdo, e efeitos prosódicos no plano da expressão.

No plano da expressão, devido à colocação dos adjetivos no final de cada verso, a mesma terminação produz uma rima. Essa repetição dos mesmos fonemas constrói uma coerência fonológica na expressão do poema, que garante a unidade de seus versos. No entanto, restrita aos adjetivos, ela passa a estabelecer uma relação com os substantivos, a outra categoria gramatical que aparece no texto. A rima garante a pertinência dos adjetivos ao mesmo paradigma, o que faz com que sua ausência, no final dos substantivos, garanta outra pertinência em relação a este outro paradigma: enquanto os adjetivos rimam, os substantivos não. Assim, pode-se determinar a categoria formal *identidade vs. alteridade*, que aplicada ao plano de expressão na produção ou não da mesma rima, organiza os paradigmas das duas classes de palavra que aparecem no texto do poema: identidade para os adjetivos, e alteridade para os substantivos. Essa relação formal, aplicada ao eixo sintagmático do poema, constrói outra relação formal: *mudança vs. conservação*.

Em todos os versos, o substantivo aparece seguido do adjetivo, de modo que há a manifestação de um paradigma nominal sem rimas, seguido de um paradigma adjetival com a mesma rima. Em termos prosódicos, há a repetição de um paradigma cuja terminação muda em cada verso, seguida da repetição de um paradigma que se conserva. Assim, a categoria formal *mudança vs. conservação* organiza a construção prosódica e morfológica do texto, de modo que a prosódia dos substantivos muda, e a dos adjetivos, conserva-se.

O sufixo, porém, é um morfema, e sua repetição estabelece também uma coerência semântica, devido a repetição do mesmo significado. O sufixo *-vel* é um sufixo formador de adjetivos, que quer dizer a possibilidade de praticar ou sofrer uma ação: divisível é o que pode ser dividido; móvel é o que pode ser movido; volúvel é o que pode mudar; e delével é o que pode ser destruído. Contrariamente, inoxidável é o que não pode oxidar, ou seja, é o único adjetivo do poema cujo significado contraria a possibilidade de praticar ou sofrer uma ação. Contudo, essa contrariedade é resultado da prefixação, e não da sufixação, pois é o prefixo *in-* que nega o adjetivo oxidável, que quer dizer o que pode oxidar. Essa contrariedade provoca uma antítese no poema, à qual voltaremos mais adiante. Por enquanto, vamos considerar apenas o significado do sufixo, e não o da palavra.

Em todos os versos, o adjetivo modifica o núcleo do sintagma nominal, afirmando uma possibilidade de mudança que contraria uma estabilidade no significado do substantivo. Em "átomo divisível" o átomo, antes indivisível, pode ser dividido; em "montanha móvel" a montanha, fixa em seu lugar, pode ser movimentada; em "certeza volúvel" a certeza perde o seu estatuto de dever ser; e em "mundo delével" o mundo, antes indestrutível, pode ser destruído. Contrariamente, em "aço inoxidável", o aço não pode ser oxidado, ou seja, ele se conserva. No entanto, novamente é o prefixo que produz esse sentido, de modo que o sufixo continua com a mesma função dos versos anteriores, de indicar a possibilidade de mudança na conservação indicada no substantivo: de aço não oxidado em oxidado. Assim, em todos os versos, com exceção da antítese provocada pelo prefixo *in-*, o adjetivo contrai com o núcleo do sintagma uma relação semântica de acordo com a categoria formal *mudança vs. conservação*.

No texto do poema, essa categoria formal, aplicada ao plano de conteúdo, é uma categoria semântica, e aplicada ao plano da expressão, é uma categoria prosódica. Desse modo, a mesma categoria formal organiza tanto a construção do conteúdo quanto da expressão, o que define uma relação semissimbólica. Por meio das relações entre essa categoria e as classes de palavra presentes no texto, no plano da expressão há a conservação da prosódia dos adjetivos e sua mudança nos substantivos; e, contrariamente, há conservação no conteúdo dos substantivos e mudança, no dos adjetivos, considerando-se apenas a função do sufixo *-vel*:

PE	categoria prosódica	mudança vs. conservação
PC	classe de palavras	substantivo vs. adjetivo
	categoria semântica	conservação vs. mudança

O estatuto plástico da escrita

Embora formada por desenhos gráficos, a escrita não pode ser reduzida a um sistema semiótico plástico. Devido a sua expressão plástica, a escrita participa desse tipo de semiótica; no entanto, transcrever uma língua faz da escrita também uma semiótica verbal. Por isso, há na escrita um sincretismo entre o verbal e o plástico, que complexifica a expressão linguística e a imagem.

A expressão das línguas realiza-se no domínio das formas prosódicas e fonológicas, o que faz com que a dimensão de sua manifestação seja de ordem temporal, e não espacial. Uma fala constrói-se como uma duração, já que cada fonema entoado é pronunciado um após o outro, em sequência. Quando escritas, as letras que transcrevem a sequência da fala são colocadas em um espaço. Assim os fonemas, antes realizados um após outro, aparecem escritos ao mesmo tempo. Isso manifesta uma disposição de elementos não mais apenas em sequência, mas também em paralelo.

Em *O estudo analítico do poema*, Antonio Candido vale-se dessa propriedade da escrita para analisar o famoso soneto 74 (na edição de Hernani Cidade), de Luís de Camões:

Amor é fogo que arde sem se ver;
É ferida que dói e não se sente;
É um contentamento descontente;
É dor que desatina sem doer;

É um não querer mais que bem querer;
É solitário andar por entre a gente;
É nunca contentar-se de contente;
É cuidar que se ganha em se perder;

É querer estar preso por vontade;
E servir a quem vence, o vencedor;
E ter com quem nos mata lealdade.

Mas como causar pode seu favor
Nos corações humanos amizade,
Se tão contrário a si é o mesmo Amor?

As contrariedades do amor, enunciadas aos pares nos dois quartetos e no primeiro terceto, se o soneto for ouvido, são enunciadas uma após a outra, de modo que sua disposição é organizada pela categoria de tempo *anterioridade vs. posterioridade*. No entanto, quando o soneto é escrito, o que se realiza em uma duração realiza-se, também, em um lugar. Considerando a orientação da escrita na cultura própria do poema, o antes e o depois da sonoridade da fala são escritos no papel, respectivamente, da esquerda para a direita da folha (CANDIDO, 1996:23). Esquematicamente, pode-se explicar assim, utilizando o primeiro quarteto como exemplo:

• Na dimensão verbal, as contrariedades são dispostas de acordo com a categoria de tempo *anterioridade vs. posterioridade*:

anterioridade-posterioridade	*anterioridade-posterioridade*
Amor é fogo que arde sem se ver;	É ferida que dói e não se sente;

anterioridade-posterioridade	*anterioridade-posterioridade*
É um contentamento descontente;	É dor que desatina sem doer;

• Na escrita, a categoria de expressão temporal *anterioridade-posterioridade* é convertida na categoria de expressão plástica *esquerda vs. direita*:

esquerda vs. direita
Amor é fogo que arde sem se ver;
É ferida que dói e não se sente;
É um contentamento descontente;
É dor que desatina sem doer;

Evidentemente, isso não faz de Luís de Camões um poeta concreto, mas mostra que há propriedades plásticas da escrita que são inerentes a ela. Essas propriedades, ao contrário de terem sido inventadas pelos concretistas, são exploradas por eles em suas criações. Stéphane Mallarmé, inspirador dos poetas concretos, explorou esses recursos em seu famoso poema *Um lance de dados jamais abolirá o acaso*. Nele, uma polifonia de falas simultâneas é traduzida em uma sobreposição de imagens, como se pode ver neste trecho, da tradução de Haroldo de Campos:

FOSSE
feito estelar

O NÚMERO

EXISTIRIA
diverso da alucinação esparsa da agonia

COMEÇARIA E CESSARIA
surdindo assim negado e ocluso quando aparente
enfim
por alguma profusão expandida em raridade
CIFRAR-SE-IA

evidência da soma por pouco una
ILUMINARIA

SERIA
pior

não

mais nem menos   *indiferentemente mas tanto quanto*

O ACASO

Cai
a pluma
rítmico suspense do sinistro
sepultar-se
nas espumas primordiais
de onde há pouco sobressaltara seu delírio a um cimo
fenescido
pela neutralidade idêntica do abismo

No texto do poema *Átomo divisível*, há uma curvatura do padrão reto da escrita. A linearidade da escrita imita a emissão entoativa, relacionando seu percurso no tempo com uma linha orientada em uma direção no espaço. Assim, há uma manifestação plástica de uma dimensão que se realiza durante um intervalo de tempo. Essa reta, quando é curvada, expõe o quanto a escrita, que imita o tempo em sua linearidade, está disposta em um espaço no papel.

átomo divisível
montanha móvel
certeza volúvel
mundo delével
aço inoxidável

⇓

Desse modo, há no texto do poema a exposição de uma relação entre o retilíneo e a expressão temporal de emissão entoativa, e a curvatura e a expressão espacial da escrita. Essa relação, portanto, dá-se entre a categoria plástica *retilíneo vs. curvilíneo* e as dimensões substanciais de tempo e de espaço.

PE		
retilíneo	vs.	curvilíneo
temporalidade	vs.	espacialidade
da emissão		da escrita
entoativa		

Quando no texto do poema *Átomo divisível* há uma curvatura da reta em sua imagem, ocorre uma complexificação da categoria *retilíneo vs. curvilíneo*, que também incide sobre as dimensões espaço-temporais da escrita-emissão entoativa, que manifestam seu texto.

Interdiscursividade
entre poesia concreta e religião

O discurso religioso constrói mitologias. Em seu conteúdo, todo mito figurativiza o termo complexo ou neutro de uma categoria semântica. No hinduísmo, por exemplo, há o mito dos dez avatares de Vishnu (DANIÉLOU, 1975: 258-259). Seu quarto avatar é Nara-Simha, o Homem-Leão. No mito, Hiranya-Kashipu, seu oponente, não pode ser morto por fera ou por homem, de dia ou de noite, dentro ou fora de seu palácio. Manifestando-se como o Homem-Leão, Vishnu matou Hiranya-Kashipu durante o crepúsculo e nas escadarias do palácio. Assim, o quarto avatar manifesta, além de Vishnu, a semântica complexa capaz de matar seu oponente: ele surge como homem e fera, complexificando a categoria *animal vs. humano*; em um momento quando não é dia e nem noite, neutralizando a categoria *matutino vs. noturno*; e luta em um lugar onde não se está dentro e nem fora dos domínios do palácio, neutralizando a categoria *interioridade vs. exterioridade*. Nos mitos cristãos, a semantização é a mesma: o Cristo é homem e Deus, complexificando a categoria *humano vs. divino*; e a Virgem Maria é virgem e mãe, complexificando a categoria *maculada vs. pura* (FIORIN, 1988: 143).

O estatuto complexo do mito coincide com o do poético. Em uma das formas de projeção do eixo paradigmático no sintagmático, o texto poético realiza termos complexos. Essa identidade semiótica coloca em questão tanto o estatuto poético dos mitos quanto o estatuto mitológico da poesia. Sem querer resolvê-la, pode-se afirmar que essa identidade é um dos modos pelos quais o estatuto semiótico do poema e do símbolo religioso podem ser aproximados.

A recorrência ao discurso religioso não é estranha para os concretistas. Haroldo de Campos traduziu o *Eclesiastes* e compôs um poema cosmológico, *A máquina do mundo repensada*; e Augusto de Campos preparou um ensaio para uma edição da tradução do *Livro de Jó*, de José Elói Ottoni. Há também aproximações com religiões orientais, como por exemplo o poema *Zen*, de Pedro Xisto:

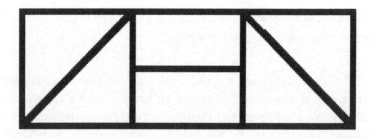

Do próprio Arnaldo Antunes, há entre os textos de *2 ou + corpos no mesmo espaço* o poema *Tao-vez*, outro exemplo dessa aproximação:

Na semiótica verbal de *Átomo divisível*, como é demonstrado, há uma relação semissimbólica construída pela categoria formal *mudança vs. conservação*, o que garante uma complexificação de seus termos simples tanto na expressão quanto no conteúdo. Mas além desse estatuto semiótico comum entre mito, símbolo religioso e poesia, o que há de religioso em *Átomo divisível*?

No poema *Tao-vez*, a referência ao taoismo remete ao símbolo religioso da mônada chinesa, em que os princípios yin-yang aparecem figurativizados nas cores branca e preta:

Em seu texto, a mônada chinesa figurativiza os princípios ativo e passivo, mencionados na análise do cromatismo da tela *Primavera*, de Tarsila do Amaral, no quinto capítulo. Na mônada, a presença do ponto de cor contrária nas superfícies branca e preta, além de simbolizar a dinâmica entre os princípios, simboliza também a presença de um no seio do outro. Em *Átomo divisível*, há na estratégia discursiva do poema um efeito semelhante.

A projeção da categoria *mudança vs. conservação* nos dois planos da semiótica verbal do poema é responsável pelo efeito de sentido que o aproxima da mônada chinesa. No plano do conteúdo ela garante a narrativização de um processo em que aquilo que recebe os valores de conservação, os substantivos, quando adjetivados, recebem em suas qualidades os valores de mudança. Ou seja, há mudança no seio da conservação. No plano da expressão, a rima nos adjetivos manifesta a conservação de uma mudança na entoação dos substantivos, ou seja, há uma conservação no seio da mudança. Assim, como na mônada chinesa, há uma dinâmica entre os dois princípios pela presença de um no seio do outro. Na semiótica plástica da escrita, a relação determinada pela categoria *retilíneo vs. curvilíneo*, além de contribuir para a poeticidade da expressão por projetar no eixo sintagmático o eixo paradigmático da categoria que o realiza, também figurativiza uma mudança na conservação do padrão retilíneo da escrita.

Essa regularidade semiótica em torno da *mudança* está de acordo com o *I Ching*, o livro das mutações, no qual se diz que tudo muda em torno das relações entre os dois princípios yang-yin. Contudo, como regularidade, esse processo semiótico termina por figurativizar uma conservação, e se tudo muda, ele também deve mudar para que se garanta a mudança na conservação.

Em todos os versos, as relações entre o substantivo e o adjetivo são as mesmas, exceto pela presença do prefixo *in-* em "inoxidável". Dos cinco versos, "aço inoxidável" é o único em que o prefixo impõe a figurativização do termo simples conservação, o que promove uma mudança na regularidade semântica do poema.

Conclusão

O fato de, em sua semiótica, *Átomo divisível* ser semelhante a um símbolo religioso não o torna um deles. Todo símbolo religioso necessita de uma ancoragem em seu processo histórico, e a semiótica de cada um deles só pode ser determinada na relação que o discurso ao qual pertence contrai com os demais discursos sociais de sua época. Contudo, se essa intertextualidade com a religião não torna o poema de Arnaldo Antunes um símbolo, ela o carrega de conteúdos dessa ordem. Cabe indagar, portanto, a que "mística religiosa" ele se reporta.

A referência a um processo tematizado no *I Ching* e no taoismo não é suficiente para incluí-lo nessa mística; Arnaldo Antunes não é um poeta zen, como Bashô. A "mística" de Arnaldo Antunes, longe do zen e do tao, está mais próxima do *Kaos*, de Jorge Mautner. O zen e o tao lidam com o supra racional, enquanto o poema de Arnaldo Antunes lida com o irracional. Seu texto é mais digno de um budismo-cartesiano, como prega Jorge Mautner, já que um "átomo divisível" ou uma "montanha móvel" são tão irracionais quanto uma aproximação entre Buda e René Descartes em um mesmo sistema filosófico-religioso. Promovendo complexificações, um argumento irracional pode ser aproximado tanto do mito quanto da poesia, já que, em meio à volubilidade da certeza, o irracional é mais uma forma de superar aquilo que a razão não consegue explicar.

Bibliografia

1000 Nudes. (1994). Bonn e Köln: Taschen.

A arte no Brasil (reedição condensada). São Paulo: Nova Cultural.

ALENCAR, J. de (1938). *As minas de prata.* São Paulo, Rio de Janeiro e Bahia: Ler.

ANDRADE, C. D. de (1983). *Nova reunião.* Rio de Janeiro: José Olympio.

Arquitetura e Urbanismo (1993). nº 50, São Paulo: Pini.

ASSIS, M. de (1997). *Obras completas.* Rio de Janeiro: Nova Aguilar.

ASSIS SILVA, I. (org.) (1996). *Corpo e sentido.* São Paulo: UNESP.

AZEVEDO, A. (1942). *Obras completas.* 8. ed., São Paulo: Nacional.

BARROS, D. L. P. de (1990). *Teoria semiótica do texto.* São Paulo: Ática.

BARTHES, R. (1984). *O óbvio e o obtuso.* Lisboa: Edições 70.

CANDIDO, A. (1996). *O estudo analítico do poema.* São Paulo: Humanitas.

CUNHA, C. e CINTRA, L. (1985). *Nova gramática do português contemporâneo.* 2. ed., Rio de Janeiro: Nova Fronteira.

DANIÉLOU, A. (1975). *Le polytthéisme hindou.* Paris: Buchet/Chastel.

FIORIN, J. L. (1988). *O regime de 1964.* 1. ed., São Paulo: Atual.

_____ (1988). *Linguagem e ideologia.* São Paulo: Ática.

_____ (1989). *Elementos de análise do discurso.* São Paulo: Contexto/Edusp.

_____ (1996). *As astúcias da enunciação.* São Paulo: Ática.

_____ (org.) (2002). *Introdução à linguística.* São Paulo: Contexto.

FLOCH, J. M. (1985). *Petites mythologie de l'oeil et de l'esprit.* Hadès-Benjamins.

_____ (1995). *Sémiotique, marketing et communication.* 2. ed., Paris: PUF.

_____ (1995). *Identités visuelles.* Paris: PUF.

GÂNDAVO, P. de M. (1980). *Tratado da terra do Brasil; História da provincia de Santa Cruz.* Belo Horizonte: Itatiaia; São Paulo: Universidade de São Paulo.

GREIMAS, A. (1976). *Semântica estrutural.* São Paulo: Cultrix.

_____ (1981). *Semiótica e ciências sociais.* São Paulo: Cultrix.

_____ & COURTÉS, J. (s.d.) *Dicionário de semiótica.* São Paulo: Ática.

_____ (1970). *Du sens*. Paris: Seuil.

_____ e outros (1975). *Ensaios de semiótica poética*. São Paulo: Cultrix/Edusp.

_____ (1976). *Maupassant*. Paris: Seuil.

_____ (1976). *Semiótica do discurso científico/Da modalidade*. Difel/SBPL.

_____ e outros (1977). *Semiótica narrativa e textual*. São Paulo: Cultrix/Edusp.

_____ (1983). *Du sens II*. Paris: Seuil.

_____ & LANDOWSKI, E. (1986). *Análise do discurso em ciências sociais*. São Paulo: Global.

_____ (1997). *De la imperfección*. México: Fondo de Cultura Económica.

_____ & FONTANILLE, J. (1993). *Semiótica das paixões*. São Paulo: Ática.

HJELMSLEV, L. (1975). *Prolegômenos a uma teoria da linguagem*. São Paulo: Perspectiva.

JAKOBSON, R. (s.d.). *Linguística e comunicação*. São Paulo: Cultrix.

JOSÉ, E. (1997). *Carlos Marighela, o inimigo número um da ditadura*. São Paulo: Sol e Chuva.

KLOSTER, D. (1998). *Forms of desire*. Nova York: St. Martin's Press.

LANDOWSKI, E. e FIORIN, J. L. (1997). *O gosto de gente, o gosto das coisas*. São Paulo: Educ.

LOUSADA, P. (1998). *A tentação do chocolate*. Rio de Janeiro: Ediouro.

PICHARD, G. (1988). *Marie Gabrielle III*, Barcelona: Glenat e La Cúpula.

RAMOS, G. (1980). *Vidas secas*. 46. ed., São Paulo: Record.

_____ (1981). *Angústia*. 24. ed., Rio de Janeiro: Record.

SACHETTA, V. e outros (1999). *A imagem e o gesto, fotobiografia de Carlos Marighela*. São Paulo: Fundação Perseu Abramo.

SAUSSURE, F. de (s. d.). *Curso de linguística geral*. São Paulo: Cultrix.

SCHOLEM, G. (1990). *A cabala e a mística judaica*. Lisboa: Dom Quixote.

WÖLFFLIN, H. (2000). *Conceitos fundamentais da história da arte*. São Paulo: Martins Fontes.

Cadastre-se no site da Contexto
e fique por dentro dos nossos lançamentos e eventos.
www.editoracontexto.com.br

Formação de Professores | Educação
História | Ciências Humanas
Língua Portuguesa | Linguística
Geografia
Comunicação
Turismo
Economia
Geral

Faça parte de nossa rede.
www.editoracontexto.com.br/redes

Promovendo a Circulação do Saber